Rudolf Kneisel

**Die Dorf-Republik : Volksstück mit Gesang in 4 Aufzügen**

Rudolf Kneisel

**Die Dorf-Republik : Volksstück mit Gesang in 4 Aufzügen**

ISBN/EAN: 9783744658232

Hergestellt in Europa, USA, Kanada, Australien, Japan

Cover: Foto ©Thomas Meinert / pixelio.de

Weitere Bücher finden Sie auf **www.hansebooks.com**

# Die
# Dorf-Republik.

Volksstück mit Gesang in 4 Aufzügen

von,

## Rudolf Kneisel,

(Verfasser von: „Die Tochter Belial's", „Die Anti=Xantippe", oder: Krieg den Frauen, „Die Wittwe
Mandelhuber", „Der Herr Stadtmusikus und seine Kapelle", „Des Seekönigs Braut" u. a. m.)

Musik
von
## A. Conradi,
Königl. Musik=Direktor.

Berlin, 1872/1873.

# Personen:

Volkmar, Gutsherr zu Waldensee.

Ottone Hartmann.

Peter Löffel, Dorfschulze.

Suschen, seine Tochter.

Schwarze, Kantor.

Wittwe Renata, Gastwirthin.

Hinz, deren Söhnchen.

Hans Röthlich, ehemaliger Schmiedegeselle.

Base Kielmeyer.

Base Spindelmatz.

~~Base Trogtigel.~~

Dusel, Nachtwächter.

Blase, Büttel.

~~Der Dorfzeiger.~~ Landleute. Schulkinder.

Ort: Dorf und Schloß Waldensee.

––––––––

# Erster Aufzug.

(Freier Platz vor einem Dorfe. Im Hintergrund Bäume, Gebüsch, Bauernhütten. Rechts (vom Publikum) die Schenke mit Balkon. Davor ein hölzerner Tisch und Brettstühle. Am Wirthshaus eine Fahne. Im Hintergrund ein ländlicher Triumphbogen.)

## 1. Auftritt.

Schwarze und Schulkinder (etwas nach hinten links), Löffel, Dusel, der Dorfgeiger, der Büttel und einige Bauern (etwas nach hinten rechts), Röthlich (am Tische sitzend und trinkend). (Später): Renata, (dann) Hinz. (Außer den Genannten noch Landleute, die sich in bunten Gruppen umherbewegen.)

Löffel (seine Umgebung instruirend.) Also, aufgepaßt! So wie Er den Wagen des neuen Gutsherrn sieht, giebt Er das Zeichen, Dusel. Dann werden die Böller gelöset, die Musik geht los, die Hüte und Fahnen werden geschwenkt und aus Leibeskräften wird „Vivat hoch" gebrüllt.

Schwarze (zu den Schulkindern). Sobald nun der unbändige Heidenspektakel vorüber ist und Ihr die lieblichen Klänge der Dorfglocke hört, fallt Ihr ein mit Eurem frommen Choral, daß es ertöne wie Stimmen der Engelein.

Frau Renata (behäbige, aber noch hübsche Schenkwirthin von etwa 38 Jahren, bringt Getränk für Röthlich). So, Nachbar, hier ist die dritte Halbe.

Röthlich (kräftiger junger Mann, aber im Aeußern nachlässig und heruntergekommen). Hahaha, seht nur, Renata, da hinten Eure beiden Freier, den Kantor und den Schulzen. Der würdige Empfang des neuen Herrn wird Ihnen noch das Restchen Verstand nehmen.

Renata. Ist's denn nicht unsere Pflicht, den neuen Gutsherrn so schön wie möglich zu empfangen? Ihr seid mit nichts zufrieden.

Röthlich. Speichellecker seid Ihr Alle, Augendreher, Rückenkrümmer! Aber Eure Zeit wird kommen und unsere (singt): Allons enfants de la patrie.

Löffel (zu seiner Umgebung). So, und nun auf Eure Posten, Marsch! (Die Betreffenden gehen im Hintergrunde links ab. Löffel kommt vor.)

Schwarze (zu den Kindern). Geht auf Euren Platz und schlagt die Augen fein sittsam zur Erde. (Schulkinder links ab.)

1*

**Löffel.** Einen Schoppen, hübsche Frau Nachbarin! (Er sieht Röthlich.) Hm, da ist ja auch der Dorfbummler.

**Röthlich** (zur Seite rückend, spöttisch). Na, könnt Euch immer mit an den Tisch setzen, Herr Schulze. Ich stecke nicht an. Ein getretener Hund ist noch kein räudiger Hund.

**Löffel.** Hm, freilich, es ist ja heut ein allgemeiner Freudentag — (setzt sich.)

**Röthlich.** Und da könnt Ihr was Uebriges thun, Herr Schwiegervater in spe!

**Löffel** (ärgerlich). Musje Röthlich, ich verbitte mir —

**Röthlich** (bitter lachend). Na, na, laßt's nur gut sein. Die Sache mit Eurem Suschen ist ja vorbei. Bin ja ein Bettler, ein Taugenichts, — und der verstorbene Gutsherr hat mich bei Euch schwarz genug angemalt, er und seine Jungfer Hartmann. Pah, jetzt sind Beide belohnt. Hahaha! (Trinkt.)

**Hinz** (10jähriger Knabe, zu Renata, die dem Schulzen Bier gebracht). Mutter, kann ich denn mein buntes Feuer gleich abbrennen, wenn der Gutsherr kommt?

**Renata.** Da mußt Du den Herrn Schulzen fragen, Hinz.

**Löffel.** Nein, mein Junge, die bunte Flamme laß nur bis Abends, da wird das ganze Dorf erleuchtet. Jetzt lauf' an die Landstraße und rufe mich, wenn der neue Gutsherr kommt. Dusel, den ich als Wächter hingestellt habe, scheint mir schon wieder etwas angetrunken.

**Hinz.** Hurrah! (Läuft ab.)

**Röthlich** (spöttisch). Das wird ja heute ein ungeheurer Jubel hier, Herr Schulze.

**Löffel.** Wird's auch. Wir haben's ja auch dazu. Mit einem neuen Gutsherrn kommt frisches Leben in's Dorf. Der vorige Herr war ein guter alter Mann, der sich lenken und leiten ließ.

**Röthlich.** Ja, von der Jungfer Hartmann.

**Schwarze** (der herzugetreten ist, in singendem Tone). Ja, er war ein liebreicher und gottesfürchtiger Mann.

**Röthlich** (sieht ihn an und ahmt spöttisch, halb für sich, seinen Ton nach). Bäh! bäh!

**Schwarze** (sieht ihn verwundert an und geht weg).

**Löffel.** Eine frische Kraft thut hier noth. Der alte Herr war zu nachsichtig. Sein Neffe, unser neuer Herr, wird mehr durchgreifen. Es herrscht viel Liederlichkeit hier.

**Schwarze** (der wieder näher getreten ist). Ach ja, und viel Gottlosigkeit!

**Röthlich** (wie vorhin). Bäh, bäh!

**Schwarze** (für sich, giftig). Infamer Kerl!

**Röthlich.** Ihr erwartet in dem neuen Herren also einen Tyrannen. Wenn Ihr Euch nur nicht in ihm täuscht, Schulze. Wißt Ihr nicht, daß sein Oheim bei Lebzeiten durchaus nichts von ihm wissen wollte, daß man sogar glaubte, er würde den Neffen enterben und die Jungfer Hartmann zur Erbin machen? Nun, und woher kam die Feindschaft?

Löffel. Nun, der junge Volkmar wird — wie das bei den jungen Herren häufig vorkommt — einen lockeren Lebenswandel geführt haben.

Röthlich. Hat sich was! Gehungert hat er und unter'm Dach gewohnt. Ueber seinen Büchern hat er gesessen und das letzte Stück Brod mit den Armen getheilt. Ich will Euch sagen, woher der Zorn des alten Herrn gegen den jungen Volkmar kam. Der Volkmar ist ein Mann des Volkes und der Freiheit, ein Republikaner, ein Communist, ein Sozialist.

Löffel. Pst! So was sagt man doch nicht laut.

Röthlich. Ich hab' ihn einmal reden gehört in der Stadt. Ja, Schulze, das ist Einer von unserm Schlag. Hahaha! am Ende macht das ganze Dorf heut noch große Augen.

Löffel. Pah, Dummheiten! Unterm Dach und mit hungrigem Magen kann man wohl Sozialist sein, wenn man aber ein solches Gut mit Dorf und Schloß, Wäldern und Feldern geerbt hat, hängt man den ganzen Freiheitsschwindel an den Nagel.

Schwarze (plärrend). Ja, und wem Gott ein Amt giebt, dem giebt er auch Verstand.

Röthlich (wie vorhin). Bäh, bäh!

Schwarze (giftig). Was soll das, mein Lieber, daß Ihr mich immer anbäht?

Röthlich (aufstehend zu Löffel). Kann sein, daß Ihr Recht habt, Schulze. Reichthum verhärtet die Herzen und ändert die Menschen. Darum eben muß die Zeit kommen, wo es keinen Reichthum des Einzelnen mehr giebt. Gleichheit! Das ist die Losung. Atjös.

Schwarze (wüthend). Wird der Musje nun sagen, warum er mich anbäht?

Röthlich. Bäh! (Geht nach hinten.)

Schwarze. Das ist der Urian!

Löffel. Ein unverbesserlicher Wicht.

Schwarze. Aber ich will ihn anmalen beim neuen Herrn, schwarz, rabenschwarz.

Löffel. Wenn der neue Herr nur nicht selbst rabenschwarz ist. Communismus! Das wäre! Taschen zu!

Schwarze. Hahaha, alter Geldsack!

Löffel. Lacht nicht, Kantor. Ihr springt vielleicht zuerst.

Schwarze. Pah! Verjagt uns wie die Hündlein, wir kommen wieder wie die Füchslein.

## 2. Auftritt.

**Die Vorigen. Suschen. Dann Base Kielmeyer. Base Spindelmatz und Base Trogtigel.**

**Suschen** (weiß gekleidet, kommt weinend). Ach je, ach je, ach je!

**Löffel.** Suschen, mein Kind, Du weinst! Du, als Ehrenjungfrau?

**Suschen.** Ach ja, ach ja, Vater, sie haben mich furchtbar gekränkt.

**Löffel.** Was? Wer hat sich das unterstanden?

**Suschen** (bemerkt Röthlich, über das ganze Gesicht lächelnd). Ach sieh' mal, Vater, da ist ja auch der Hans Röthlich.

**Löffel.** Unsinn. Ich frage, wer Dich, eine Ehrenjungfrau, beleidigt hat?

(Die drei Basen, drei alte häßliche Frauen, aber auffallend, halb länblich, halb städtisch geputzt, treten auf.)

**Kielmeyer.** Na, wer wird's denn gewesen sein.

**Spindelmatz.** Wir sind's gewesen, Herr Schulze.

**Trogtigel.** Wir haben dem Jungferchen einmal die Wahrheit gesagt.

**Suschen.** Eine dumme Gans haben Sie mich genannt — (Weint, geht dann etwas zurück und wechselt mit Röthlich freundliche Blicke und Grüße.)

**Löffel.** Wie? Das hättet Ihr Euch unterstanden?

**Kielmeyer.** Freilich, wenn sich so ein Ding überall vordrängt.

**Spindelmatz.** Und thut, als wenn sie was Besseres wäre als wir.

**Trogtigel.** Wer hat Sie denn überhaupt zur Ehrenjungfer gemacht?

**Löffel.** Ich, als Schulze und Ortsvorstand.

**Kielmeyer.** Nun ja, Schulze und Vater in einer Person.

**Spindelmatz.** Da kann man freilich zu so was kommen.

**Trogtigel.** Wenn auch viel würdigere Personen da sind.

**Kielmeyer.** Das ist nun die Gerechtigkeit auf Erden.

**Spindelmatz.** Familienrücksichten machen Alles.

**Trogtigel.** Tugend und Schönheit wird hintergangen.

**Löffel.** Na, Euch soll ich doch nicht als Ehrenjungfrauen hinstellen?

**Kielmeyer.** Warum denn nicht?

**Spindelmatz.** Nun seh' mir einer den Grobian!

**Trogtigel.** Ich hätte mich sehr gut zur Ehrenjungfrau gepaßt.

**Löffel.** Uebergeschnappt seid Ihr Alle drei! Komm her, Suschen. Jetzt gehst Du an Deinen Platz und nimmst Deinen Strauß in die Hand und überreichst ihn dem gnädigen Herrn. Und wer Dich ärgert, den laß' ich in den Thurm stecken.

**Suschen.** Ja, Vater! Etsch! (Ab).

**Kielmeyer.** Was? In den Thurm will er uns stecken?

**Spindelmatz.** Wenn er nur nicht selber in den Thurm kommt.

**Trogtigel.** Aber in den Narrenthurm!

**Kielmeyer.** Kommt mit! jetzt überreichen wir dem Gutsherrn auch Blumensträuße.

**Spindelmatz.** Und dann wollen wir mal sehn, ob er uns nicht auch Blicke zuschmeißen wird.

**Trogtigel.** Und ob er heut Abend nicht mit uns tanzen wird. (Tänzelt). Tralala, hopsasa!

**Kielmeyer.** Ihr habt Euch sehr lächerlich gemacht, Herr Schulze. (Ab).

**Spindelmatz.** Ja wirklich, da kann man nichts als lachen. (Ab).

**Trogtigel** (stemmt die Arme unter, stellt sich dicht vor Löffel hin und lacht ganz trocken und in Baßtönen). Hahahaha! (Ab).

**Löffel.** Das ist ein nettes Kleeblatt. (Bemerkt, daß der Kantor und Renata zusammen sprechen). Ei, na, Frau Renata, was flüstert Euch denn unser frommer Kantor in's Ohr?

**Renata.** Ach, wir sprachen von der Jungfer Ottone.

**Löffel.** Ah, von der Hartmann?

**Renata.** Es ist doch Unrecht, daß der alte Herr, den sie gepflegt und geliebt hat, wie's nur eine Tochter kann, ihr nichts im Testament vermacht hat.

**Löffel.** Der alte Herr hat ja überhaupt kein Testament hinterlassen. Wer weiß, ob sonst sein Neffe der Erbe wäre.

**Schwarze.** Und wenn dieser Erbe nicht dahinwandelt, zum Wohlgefallen dem Herrn — wer weiß, wie sich dann noch Alles wunderbar gestaltet.

**Renata.** Aber was soll denn aus dem jungen Mädchen werden? Sie ist arm wie eine Kirchenmaus.

**Löffel.** Sie saß ja im Rohre, warum hat sie sich nicht Pfeifen geschnitten! Wenn sie klug ist, sucht sie beim neuen Herrn dieselbe Stelle einzunehmen, wie beim alten.

**Schwarze.** Das wäre sündlich. Besser, sie suchte sich einen gereiften, gottesfürchtigen Ehegatten.

**Röthlich.** Noch besser, sie zög' in die Welt und bettelte. So geht's Allen, die sich für die großen Herren opfern.

**Renata.** Seht, dort kommt sie den Weg herauf. Ihr müßtet beim neuen Herrn Alle ein gutes Wort für sie einlegen.

**Löffel.** Ich nicht. Mir hat sie, als sie noch am Ruder war, beim alten Herrn manche Suppe eingebrockt. (Zieht sich zurück.)

**Schwarze.** Ich kann nichts für sie thun, sie müßte mich denn darum bitten. Klopfet an, so wird Euch aufgethan. (Zieht sich zurück.)

**Röthlich.** Von mir kann sie nichts Gutes erwarten, denn mir hat sie mein ganzes Lebensglück zerstört. Wie Du mir, so ich Dir. (Zieht sich zurück.)

Renata. Sind das hartherzige Männer. Sie kommt hierher. Ich will lieber in's Haus gehen — wie leicht könnte sie Geld von mir borgen wollen. (Ab in's Haus).

## 3. Auftritt.

Ottone (im Hintergrund). Löffel. Röthlich, Schwarze und Landleute in Gruppen.

Ottone (schwarz gekleidet, einen Strohhut am Arm, tritt in Gedanken auf, geht bis in den Vordergrund, erwacht aus ihren Träumereien, sieht sich erstaunt um und seufzt). Ja, so! Es war ein Traum. —

Löffel (zu ihr tretend). Guten Tag, Jungfer Hartmann!

Ottone. Guten Tag, Herr Schulze!

Löffel. Wollen wohl auch den Festlichkeiten beiwohnen?

Ottone. Welchen Festlichkeiten?

Löffel. Nun, dem Einzuge des Herrn Volkmar.

Ottone. Ja, so.

Löffel. Sehen aber gar nicht festlich aus. Wo kommen Sie denn her?

Ottone. Vom Friedhof.

Löffel. Hm! Waren bei'm alten Herrn. Ja, haben viel an ihm verloren.

Ottone. Viel.

Löffel. Freilich! Die Jungfer war ja eigentlich die Gutsherr= schaft. Was die Jungfer wollte, geschah; die Jungfer war wie die Tochter vom Hause. Die Jungfer hätte nur bedenken sollen, daß das nicht immer so bleiben würde. Wenn man im Glück sitzt, soll man anderen Menschen keine Suppe einbrocken, soll sie nicht verklatschen, ihnen nichts Uebles zufügen.

Ottone (ruhig und traurig). Das habe ich nie gethan.

Löffel. Nicht? Hm! Freilich, wenn man nachher im Unglück sitzt, mag man sich an derlei nicht erinnern. (Aufgebläht). Ich bin ein guter Mensch und mag Niemanden beschämen, namentlich wenn er so plötzlich heruntergekommen ist. Verzeihe gern. Wenn ich die Jungfer mal irgendwie unterstützen kann, stehe gern zu Diensten. (Will gehen).

Ottone. Noch ein Wort, Herr Schulze!

Löffel (für sich). Oho! die will mich wohl gleich beim Wort nehmen. Aufgepaßt, Taschen zu! (Laut). Was will die Jungfer?

Ottone (mit einem Anflug von Humor). Ich habe gelogen, als ich sagte, ich hätte niemals Jemand etwas Uebles nachgeredet. Als der alte Herr noch lebte, war's namentlich Einer aus unserem Dorfe, gegen den sich die Pfeile meines Spottes kehrten.

Löffel. So, wer war's denn?

Ottone. Dem Gutsherrn gegenüber nannte ich ihn immer den „Herrn Taschenzu".

Löffel. Taschenzu?

Ottone. Es war ein Mann, der aller Welt seine Dienste anbot, aber niemals zu Hause war, wenn man einen Dienst von ihm brauchte. Ein Mann, der sich immer einen guten Menschen nannte, aber einer armen Wittwe einst die einzige Ziege abpfänden ließ. —

Löffel (zornig). Jungfer!

Ottone. Noch vier Wochen vor seinem Tode wollte der alte Herr fünfhundert Thaler den Armen geben. Herr Taschenzu sollte sie vertheilen. Ich aber sagte: „Laßt das, Vater! Wenn der Herr Taschenzu die fünfhundert Thaler in Händen hat, verliert er am Ende den Namen „Taschenzu" und wir müssen ihn „Taschenauf" nennen." Und so vertheilte ich selber das Geld.

Löffel. Also Euch habe ich damals die Blamage verdankt, daß ich das schon versprochene Geld nicht vertheilen durfte? Na, von mir hat die Jungfer fernerhin nichts zu erwarten, für die Jungfer bin ich jetzt ein für alle Mal —-

Ottone. Der Herr Taschenzu!

Löffel (läuft wüthend nach hinten).

Ottone (für sich). Das war der erste Kampf. Wird es deren noch mehr geben?

Röthlich (tritt zu Ottone, spöttisch). Die Jungfer hat wohl einen kleinen Aerger mit dem Schulzen gehabt?

Ottone. Ich ärgere mich nicht so leicht.

Röthlich. Hm, wem's schlecht geht, und wer arm ist, auf dem hämmern alle Leute 'rum.

Ottone. Doch wohl nur der schlechtere Theil der Leute.

Röthlich. Alle, Alle. — Jetzt könnten wir eigentlich zusammen in die Welt ziehen, Jungfer. Jetzt ist die Jungfer arm und elend wie ich und hat nichts mehr vor mir voraus.

Ottone. Eins doch. Ich kann arbeiten.

Röthlich. Ja so, richtig. Ich bin ja ein fauler Taugenichts, der mehr in der Schenke zu finden war als in seiner Schmiedewerkstatt — als ich nämlich noch eine hatte. Einen faulen, liederlichen Taugenichts nannte mich die Jungfer Hartmann, als ich um Schulzens Suschen freite, und der Schulze den alten Herrn um Rath fragte, ob er mich zum Schwiegersohn nehmen solle.

Ottone. Ich that es.

Röthlich. Und da widerrieth es der Herr. Ich bekam einen Korb und wurde elend für Lebenszeit. Weiß das die Jungfer?

Ottone. So seid Ihr doch nur allein elend; hättet Ihr das Mädchen gefreit, so wären es zwei geworden.

Röthlich. Wer sagt das? Ich hätt' mich im Ehestand schon geändert.

Ottone. Und warum nicht schon vorher?

Röthlich. Was kümmerte sich die Jungfer überhaupt um mich? Was mir an Unglück geschehen ist und noch geschehen wird — auf Euch falle es! Es kommt Euch schon heim. Die hochfahrende Mamsell ist nichts mehr, als eine niedere Magd, die vielleicht bald ihr Brot erbetteln muß. So lang ich aber leb', will ich Euch hassen. Das merk' sich die Jungfer! (Geht nach hinten).

Ottone. Armer Thor! Wenn Du die Wahrheit wüßtest — doch nein. Liebt er Suschen, so wird er den rechten Weg allein finden.

Schwarze (zu Ottone tretend). Gott grüß' die Jungfer! Habt Ihr Euch meinen Vorschlag überlegt?

Ottone. Ich kann nur wiederholen, was ich Euch schon zehnmal sagte. Ich verzichte auf das Glück, Eure Frau zu sein.

Schwarze. So wollt Ihr also in's Verderben rennen, Ottone? Im Schlosse kann und wird Eures Bleibens nicht sein. Wollt Ihr dienen? Ich biete Euch ein gemächliches Leben. Ihr wißt, der alte Herr hielt große Stücke auf mich.

Ottone (für sich). Leider?

Schwarze. Ich habe mir manch' hübsches Sümmchen erspart.

Ottone. Sagt das doch der Frau Renata, der Ihr ja auch den Hof macht.

Schwarze. Soll das eine Regung der Eifersucht sein? Nun ja, die Renata liebt mich, aber sprecht ein Wort, Jungfer, und noch heute erkläre ich Euch für meine Braut.

Ottone. Ich will das Wort lieber nicht sprechen.

Schwarze. Ottone, Ihr ahnt nicht, was Ihr von Euch stößt. In meiner Hand liegt Euer Lebensschicksal. Ohne mich seid Ihr verloren. Mit mir findet Ihr ein Glück, wie Ihr es nie geahnt, nie geträumt!

Ottone. Was sollen diese dunklen Redensarten?

Schwarze. Ich darf nicht mehr sagen. Wollt Ihr glücklch sein? (Ein Böllerschuß ertönt und entferntes Hurrahrufen. Alles was sich außer Ottone und Schwarze auf der Bühne befindet, eilt schnell links ab.)

Ottone. Der neue Gutsherr kommt.

Schwarze. Noch ist es Zeit. Wollt Ihr mein Weib werden!

Ottone. Nein!

Schwarze. Nun denn, so reiße ich die Liebe aus meinem Herzen, und nur der Haß bleibt für die stolze Jungfer. (Eilt links ab.)

Ottone (allein). Haß und immer Haß, und doch — hab' ich nicht Liebe gesäet? (Musik und Vivatruf.) Sie kommen. Ach Alle, die jetzt jubeln — vor wenig Tagen noch weinten sie. Vergessen, Alles vergessen, und ich gedenke Deiner, alter, edler, todter Mann. (Sie tritt links in den Vordergrund und lehnt sich an einen Baumstamm)

## 4. Auftritt.

Ottone. Volkmar. Löffel. Schwarze. Röthlich. Dusel. Suschen. Renata. Hinz. Kielmeyer. Spindelmatz. Trogtigel. Musikanten. Landleute. Schulkinder &c.

**Alle** (Volkmar umdrängend). Hoch! Hoch! Hoch!

**Volkmar.** Dank, Kinder, tausend Dank!

**Suschen** (ihm einen Blumenstrauß bietend). Gnädiger Herr, empfangen Sie diesen Strauß, als Zeichen unserer Güte und Huld.

**Volkmar** (lächelnd). Danke, mein Kind! Wer ist das hübsche Mädchen?

**Löffel.** Meine Tochter, gnädiger Herr!

**Kielmeyer**
**Spindelmatz** } (sich heranbrängend und ihm Sträuße überreichend).
**Trogtigel** Glück und Segen, gnädiger Herr!

**Volkmar.** Danke, wer sind denn diese?

**Löffel.** Die einundzwanzig Jungfrauen des Dorfes.

**Volkmar.** Es sind ja nur drei!

**Löffel.** 3 mal 7 macht 21.

**Schwarze.** Sei gegrüßet! Die himmlischen Heerschaaren haben Deinen Schritt geleitet, und so wie einst die Kindes Kinder in der Wüste — —

**Röthlich** (dicht hinter ihm, im selben salbungsvollen Tone). Bäh!

**Schwarze** (dreht sich um). Infam!

**Volkmar.** Genug, mein Herr, ich ahne den Sinn Ihrer Rede und danke Ihnen. (Er ist weiter vorgekommen und steht jetzt in der Mitte der Bühne.) Meine Freunde, auch ich habe einige Worte an Euch zu richten.

**Löffel.** Pst! Ruhe!

**Volkmar.** Vor wenigen Wochen war ich ein armer Mann und nicht gesegnet mit irdischen Glücksgütern. Aber ich barg einen reichen Schatz in meinem Herzen: Die Liebe zur Menschheit! Nach meinen Grundsätzen waren alle Menschen Brüder, die gleichen Theil haben sollen an Lust und Leid, an den Schätzen des Geistes und den Gütern der Erde. Ich bin reich geworden, aber eines Mannes Grundsätze kann das rollende Gold nicht erschüttern. Was früher in mir Gedanke war, das werde zur That. Diese Güter, Schlösser, Wälder und Felder, welche mir ein gütiges Geschick gegeben, mit Euch will ich sie theilen.

(Allgemeines Erstaunen.)

**Volkmar.** Staunet nicht. Ich vollziehe nur, was der große Weltgeist gewollt, als er diese Erde schuf zum Gemeingut aller Menschen.

Röthlich (für sich.) Er ist der Alte geblieben.

Löffel (für sich). Er ist verrückt.

Trogtigel. Kielmeyer, was fällt denn wohl auf unsern Theil?

Volkmar. Einen kleinen Freistaat laßt uns bilden unter uns, in unserm Besitzthum, soweit das Landesgesetz es gestattet. Die Tugend sei unser Ideal, gemeinsam sei unsere Sorge und Arbeit, für Alle sei Vortheil und Gewinn. Vorläufig bin ich der rechte Diener und Ordner dieses Staates. Der Unwürdige sei aus unserer Gemeinschaft verbannt. Mich selbst möge dies Loos treffen, wenn ich es verdiene. Eine Urkunde über all dies wollen wir aufsetzen, das sei unsere Verfassung. Erwählt die drei würdigsten Männer aus Eurem Dorfe als Eure Abgeordneten, mit ihnen vereint, will ich Eure Verfassung wahren. Seid Ihr mit Alledem zufrieden?

Röthlich. Der gnädige Herr lebe hoch!

Alle. Hoch! hoch! (Tusch.)

Volkmar. Halt, noch eins. Den Titel „gnädiger Herr" verbitte ich mir. Ich bin der „Bürger Volkmar" und nichts weiter.

Löffel (für sich). Heut' Nacht vergrab' ich mein Geld.

Schwarze (für sich). Wehe, das ist der Antichrist!

Röthlich. Juchhe! Jetzt wird's lustig!

Volkmar. Und nun, meine Brüder und Schwestern, führt mich in's Schloß.

Spindelmatz. Trogtigeln, er hat mich Schwester genannt.

Volkmar. Der heutige Tag sei der Freude geweiht! Mitten unter der großen, noch so vielseitig geknechteten Menschheit wollen wir ihn feiern, ein freies Völkchen, in Liebe und Einigkeit. (Zum Dorfgeiger.) Bürger-Musikus, könnt Ihr die Marseillaise spielen?

Dorfgeiger. Ne, die Marselehje kann ich nicht.

Volkmar. Nun, denn ein anderes Freiheitslied.

Dorfgeiger. Aha, ich weiß schon eins.

Volkmar. Und nun vorwärts.

Alle. Hoch! Hoch! Hoch!

(Volkmar wird von mehreren Bauern auf die Schultern gehoben und rechts abgetragen. Alle, außer denen, die noch zu reden haben, folgen ihm unter beständigem Hochruf. Die Musik spielt: „Lott ist todt", verklingt dann nach und nach.)

Röthlich. Hurrah, Schulze, was gilt die Wette, jetzt werd' ich ein großes Thier. Ich werd' Einer von den drei Abgeordneten.

Löffel. Hahaha, Ihr?

Röthlich. Oho, ich hab' schon mehrere Stimmen. Der Mausefallenhans, der Kartenpeter, der Kümmelmichel, der Prügeljakob, alle wählen sie mich. Hurrah! (Läuft ab.)

Löffel. 20 Gevatter sind mir Geld schuldig. Sie müssen mich wählen. (Ab.)

Schwarze (zu den drei Basen, welche sich die Augen trocknen). Warum heult Ihr denn?

**Kielmeyer.** Ach, die Freude, so ein guter Herr!

**Spindelmaß.** Wir sollen seine Schwestern sein!

**Trogtigel.** Nun nimmt er uns gewiß zu sich in's Schloß.

**Schwarze.** Ihr seid toll. Ein Freigeist ist er, die Kirche wird er zum Ballsaal machen, die Hölle mit all' ihren Schrecken wird hier einkehren.

**Die Basen** (zeternd). O je, o je!

**Schwarze.** Um dem Uebel zu steuern, muß ich Abgeordneter werden. Ihr seid fromme Jungfrauen. Euer Mundwerk kann mir dienen. Kommt! (Ab mit den Basen, die immer „O jerum" schreien.)

**Ottone** (allein, tritt nachdenklich in den Vordergrund). Er ist ein edler Mann, aber, wird er einst nicht rufen wie Göthe's Zauberlehrling?

> „Herr, die Noth ist groß!
> Die ich rief, die Geister,
> Werd' ich nun nicht los."

(Geht ab.)

(D e r   V o r h a n g   f ä l l t.)

---

# Zweiter Aufzug.

(Alterthümlicher Saal im Schlosse. Mehrere Thüren. Links, im Vordergrunde, ein Armsessel. Etwas weiter zurück: Ein mit Papieren bedeckter Tisch.)

## 1. Auftritt.

**Volkmar. Löffel. Schwarze. Röthlich** (sitzen am Tisch).

**Volkmar.** Von Herzen habe ich mich gefreut, in Euch Dreien die wackeren Männer zu begrüßen, in welche unsere Dorfbewohner das größte Vertrauen gesetzt haben. Ihr seid also erwählt, mit mir die Sorgen der Verwaltung zu tragen. Bürger Röthlich, Ihr seid Vorstand der öffentlichen Arbeiten.

**Röthlich.** Arbeitsamkeit ist die erste Tugend.

**Löffel** (für sich). Die Er aber nicht kennt.

**Volkmar.** Bürger Löffel, Ihr verwaltet das allgemeine Vermögen.

**Löffel.** Große Summen will er erübrigen.

**Schwarze** (für sich). Für seine eigene Tasche nämlich.

**Volkmar.** Bürger Schwarze, Ihr sorgt für die allgemeine Bildung.

**Schwarze.** Weisheit soll in jegliches Herz strömen.

Röthlich (für sich). Wahrscheinlich aus seinen Traktätlein.

Volkmar (aufstehend und ein Dokument vom Tische nehmend). Jetzt will ich die Schenkungsurkunde unterzeichnen, durch welche diese Güter das gemeinsame Eigenthum Aller werden und durch welche ich mich selbst der Verbannung aussetze, wenn ich jemals den Pfad der Tyrannen betrete.

Schwarze. Das wird niemals geschehen!

Löffel. Ganz unmöglich!

Röthlich. Undenkbar!

Volkmar. In einer Stunde werdet Ihr hier das Dokument empfangen. (Ihnen die Hände reichend.) Lebt wohl, Bürger. Seid einig und liebt Euch untereinander. Freiheit, Gleichheit, Brüderlichkeit! (Links ab.)

(Kleine Pause).

(Löffel, Schwarze und Röthlich betrachten sich gegenseitig spöttisch).

Röthlich. Freue mich sehr, jetzt den Bürger Schulze und den Bürger Kantor als Collegen zu begrüßen.

Schwarze. Ja, was solche Volkswahlen nicht zu Stande bringen. Ich bemerkte bei der Wahl übrigens viele unheimliche, dunkle Gestalten.

Röthlich. Ich sah nur eine dunkle Gestalt — im Kreise der alten Weiber, denen sie was vorplärrte.

Löffel. Und ein Branntweingeruch war — puh!

Röthlich. Ja, Bürger Schulze, ganz gegen Eure Gewohnheit habt Ihr tüchtig traktirt.

Schwarze. Also Ihr, Bürger Röthlich, leitet die öffentlichen Arbeiten? Schade, daß wir nicht in Hinterindien wohnen, wo Einem die Ernte in den Mund wächst.

Röthlich. Da Ihr für die Volksbildung zu sorgen habt, wird's hier bald sehr hinterindisch aussehen.

Löffel. Na, Bürger Arbeitsminister, durch Euch wird unser Gemeindeseckel nicht sehr fett werden.

Röthlich. Natürlich, Bürger Finanzminister, Euer Privatseckel steht zu nah dabei.

Löffel (mit drohender Bewegung). Herr!

Röthlich (ebenso). Herr!

Schwarze (dazwischen tretend). Pst! Denkt Ihr nicht der Worte unseres Volkmar? Seid einig und liebt Euch untereinander.

Löffel (reicht Röthlich spöttisch die Hand). Richtig! Seid einig, wir sind einig.

Röthlich (ebenso). Und lieben uns.

Schwarze (legt seine Hand auf die der Andern, gen Himmel blickend). O, wie rührend!

Röthlich (für sich). Na, warte, alter Geldsack!

Löffel (für sich). Hüte Dich, Du Bummler!

Schwarze (für sich). Nur Geduld! Ihr sollt alle Beide purzeln!

## 2. Auftritt.

Die Vorigen. Renata, (dann) Hinz, (später) Suschen.

Renata (kommt in's Zimmer gestürzt). Ach Schulze, lieber Schulze, kommt doch geschwind in die Schenke!

Löffel. Was giebt's denn?

Renata. Einen Heidenspektakel. Die Bauern wollen keine Steuern mehr zahlen.

Löffel. Was? Da soll ja gleich —

Schwarze (reibt sich die Hände und lacht). Hihihi!

Löffel. Warum lacht Ihr?

Schwarze. Aus Theilnahme.

Löffel (wüthend). Ihr seid ein — — kommt, Gevatterin, ich will mit einem Donnerwetter dazwischen fahren. (Stürzt mit Renata ab).

Hinz (kommt hereingelaufen). Herr Lehrer, Herr Lehrer, kommt doch geschwind in die Schule.

Schwarze. Was ist denn los?

Hinz. Ein Mordlärm. Die Schuljungens machen Strike.

Schwarze. Was?

Hinz. Ja, die Frühstückspause ist ihnen zu kurz. Nun sitzt die ganze Klasse in unseren Apfelbäumen.

Schwarze. Mit der Ruthe will ich sie herunterholen. Komm, Hinz. (Stürzt ab).

Hinz. Juchhe! (Springt ihm nach).

Röthlich. Hahaha! Je bunter, desto besser! Erst muß Alles drunter und drüber gehen, dann wird's besser werden.

Suschen (kommt schnell gelaufen). Vater, Vater! Ha!

Röthlich. Das Suschen!

Suschen. Ich glaubte, den Vater hier zu finden. Der Hans Röthlich! (Sie steht ihm verlegen gegenüber).

Röthlich. Guten Tag, liebes Suschen. 's ist lange her, daß wir nicht miteinander gesprochen haben.

Suschen (weinerlich). Ach ja, seit dem Tage, wo, wo —

Röthlich. Wo Dein Vater mir die Thüre wies.

Suschen. Du hattest Schuld daran, Hans. Du bist ein rechter Taugenichts geworden.

Röthlich. Aber, Suschen —

Suschen. Nein, laß mich ausreden, Hans. Du warst ein tüchtiger Schmiedegeselle, aber Du thatest Dich mit den andern Gesellen zusammen und da ließt Ihr Eure Herren sitzen und stelltet die Arbeit ein. Da die Sachen so standen, konnte mein Vater freilich seine Einwilligung nicht geben. Wärst Du vernünftig gewesen, so wärst Du wieder an die Arbeit gegangen. Aber was thatest Du? (Immer schneller

und geläufiger.) In's Wirthshaus bist Du gegangen, mit allerhand lieder=
lichem Volk hast Du Dich abgegeben, die ganze Nacht hast Du Dich
umhergetrieben, Kegel und Karten hast Du gespielt, Schulden hast Du
gemacht, betrunken hast Du Dich, Schlägereien hast Du angefangen —

Röthlich. Halt, halt, wart' einmal Suschen. (Er hat ihr bis jetzt
die rechte Seite zugewendet, jetzt dreht er sich so, daß er ihr die linke Seite zukehrt.)

Suschen. Was soll denn das?

Röthlich. Damit die andere Seite von dem Platzregen auch
was abbekömmt.

Suschen (weinend). So? Also Scherze kannst Du noch machen?

Röthlich. Ich denk' nicht dran. Ich weiß, daß ich ein Lump
bin, aber warum bin ich's geworden? Weil Du nicht meine Frau
werden durftest.

Suschen. Ach was, Du warst schon vorher lieberlich.

Röthlich. Aber als Ehemann hätte ich mich gebessert. Nun
aber ist mir Alles eins geworden. Runter müssen sie, die reichen
Leute, die uns unterdrücken. Nieder mit der Klassenherrschaft. Alles
muß ruinirt werden, die ganze Welt muß in Petroleum getunkt und
abgebrannt werden. Und, wenn sie verbrannt ist, dann wird erst
recht Alles umgekrempelt.

Suschen (kläglich). Umgekrempelt? Ach, so ist denn Alles aus
mit uns!

Röthlich (ebenso). Aus, rein aus!

Suschen (reicht ihm die Hand). Dann leb' wohl, unsere Wege
gehen auseinander.

Röthlich. Weit auseinander.

Suschen. Du gehst dorthin und ich gehe dahin.

Röthlich (dumpf). Wohin gehst Du denn jetzt?

Suschen. Nach der Bleiche.

Röthlich. Kann ich da nicht ein Bischen mitgehen?

Suschen. Meinetwegen. Wenn uns nur der Vater nicht sieht.

Röthlich (schwer seufzend). Ach, Suschen!

Suschen. Was denn Hans?

Röthlich (schwermüthig). Weißt Du, was ich möchte?

Suschen. Ich ahne es. Sterben möchtest Du!

Röthlich. Nein. So was möcht' ich — (Er fährt mit dem Aermel
über den Mund und spitzt die Lippen)

Suschen. Küssen? Nein, Hans, das darf ich nicht.

Röthlich. Schlag' mir's nicht ab, Suschen, es ist vielleicht mein
Sterbekuß.

Suschen. O Gott, o Gott! Na denn — (Sie küßt ihn).
(Kleine Pause).

Suschen. Hans!

Röthlich. Suschen!

Suschen. Ich schäme mich!

Röthlich. Ich auch!

(Sie gehen langsam mit niedergeschlagenem Blick neben einander durch die Mitte ab).

# 3. Auftritt.

## Volkmar. Dann Ottone.

**Volkmar** (von links mit einem Briefe in der Hand, den er auf den Tisch legt). Seltsam! Meines Oheims Liebling, diese Jüngser Hartmann, läßt sich nicht bei mir sehen. Und ich muß ihr doch den Brief geben. Glaubt sie, ich soll zu ihr kommen?

**Ottone** (tritt durch die Mitte ein). Verzeihen Sie, mein Herr, daß ich so spät mich Ihnen vorstelle. Ich glaubte Sie von Geschäften überhäuft. Mein Name ist Ottone Hartmann.

**Volkmar.** Die Freundin und Pflegerin meines Oheims? Empfangen Sie meinen Dank, Fräulein, für alle die Liebe und Sorgfalt, welche Sie dem Verstorbenen gewidmet haben.

**Ottone.** Ich ward' reich belohnt durch seine Liebe.

**Volkmar.** Leider nicht in jeder Hinsicht. Mein Oheim hat kein Testament hinterlassen, seine treue Gefährtin und Pflegerin ist nicht bedacht worden.

**Ottone.** Ich hatte niemals auf dergleichen gerechnet.

**Volkmar.** Ich glaube es. Aber Sie werden mir erlauben, meines Oheims Schuld abzutragen.

**Ottone** (bescheiden, aber fest). Ich begehre nichts.

**Volkmar.** Nun, vielleicht enthält dieser an Sie adressirte Brief meines Oheims, den ich in seinem Pulte fand, irgend einen Aufschluß über ein Vermächtniß.

**Ottone** (freudig überrascht). Ein Brief des Herrn?

**Volkmar.** Nehmen Sie. Vielleicht besagt er, daß irgendwo ein Testament verborgen liegt. (Lächelnd). Vielleicht setzt er Sie, Fräulein, zur Universalerbin ein.

**Ottone** (lächelnd). Das wäre schlimm für Sie.

**Volkmar** (harmlos). So schlimm nicht. Ich bin gewöhnt an die Armuth, und der Hunger ist mir kein unbekannter Gast.

**Ottone** (den Brief erbrechend). Sie erlauben?

**Volkmar.** Bitte! (Geht heiter zum Tische). Sollte ich durch diesen Brief wirklich enterbt werden, dann bleibt mir nichts übrig, als sie um einige Thaler zur Heimreise anzuborgen.

**Ottone** (hat zitternd und mit großer Bewegung den Brief durchflogen). Ah!

**Volkmar.** Nun, darf man wissen? —

**Ottone.** Es ist nichts! Gleichgültige Dinge.

**Volkmar.** Wie? Gar keine Andeutung über ein Vermächtniß?

**Ottone.** Nein!

**Volkmar** (verstimmt). O pfui, das ist — —

**Ottone** (ihn schnell unterbrechend). Mein Herr, da wir eben von diesen Angelegenheiten sprechen, muß ich bekennen, daß ich eine kleine Schenkungsurkunde Ihres Herrn Oheims in Händen habe.

2

**Volkmar.** Ah! (Richtet lächelnd einen prüfenden Blick auf sie).

**Ottone.** Es betrifft eine kleine Waldschmiede nebst einem Garten und etwas Feld.

**Volkmar.** Eine Schmiede? Da hat Ihnen mein Oheim ein merkwürdiges Geschenk gemacht.

**Ottone.** Das Geschenk ist nicht für mich. Ich soll es einer gewissen Person zu einem gewissen Zeitpunkte übergeben. Vielleicht kommt es nie dazu, dann fällt das Geschenk an Sie zurück.

**Volkmar.** Und Ihnen, Fräulein, hat der alte Herr gar nichts zugewendet?

**Ottone** (mit leiser Gereiztheit). Ich sagte bereits einmal, das ist nicht geschehen, und ich habe es auch nicht erwartet.

**Volkmar.** Verzeihen Sie!? — Darf ich vielleicht erfahren, wie Sie in meines Oheims Haus kamen? Das heißt, wenn Sie mir's sagen wollen. Ich habe kein Recht zu solchen Fragen.

**Ottone.** Ich bin eine Predigerstochter aus einem benachbarten Dorfe. In meinem achten Lebensjahre verlor ich meine Eltern. Der alte Herr nahm die arme Waise in's Haus. Die Leute sagten — (sie stockt.)

**Volkmar** (mit Interesse). Nun?

**Ottone.** Warum soll ich es nicht aussprechen. Die Leute sagten, der Herr habe meine Mutter als Mädchen geliebt, aber keine Gegenliebe gefunden; ich weiß das nicht. Er sprach niemals über dergleichen mit mir. Eine unglückliche Liebe muß er aber im Herzen getragen haben. Ich merkte es an einem Lieblingsbuch, das er hatte, und das ich ihm oft ~~lesen~~ mußte. Da sah ich zuweilen, wie ihm die Thränen über die Wangen liefen.

**Volkmar.** Ganz Recht. Man sagte mir, Ihr ~~Gesang~~ habe oft meines Oheims Herz erfreut. Würden Sie mich meines Oheims Lieblingslied wohl hören lassen?

**Ottone.** Ich ~~singe~~ sehr kunstlos, und bin nicht in der Laune.

**Volkmar.** Verzeihen Sie, ich dachte dadurch nur Aufschluß über meines Oheims — —. Ich habe ihn nie gekannt. Wir standen uns fern, er war mir vielleicht gar feindlich gesonnen.

**Ottone.** O nein. Warum haben Sie den Oheim nie besucht?

**Volkmar.** Man sagte mir, ich hätte Gegner in seiner Umgebung, Menschen, die mir nicht wohlwollten.

**Ottone.** Man nannte auch meinen Namen?

**Volkmar** (nach kurzer Pause, frei). Ja!

**Ottone** (bebend). Und Sie glaubten es?

**Volkmar.** Ich hatte es geglaubt.

**Ottone** (Thränen unterdrückend). Wirklich? Wirklich?

**Volkmar** (aus vollem Herzen). Nun habe ich Sie gesehen, und glaube es nicht mehr.

**Ottone** (wendet sich ab und hält das Tuch vor die Augen).

**Volkmar.** Ich habe Sie gekränkt; Verzeihung!

Ottone. Nichts mehr davon. Reden wir von anderen Dingen.

Volkmar. Von Ihrer Zukunft.

Ottone. Nein. Ich schlug Ihnen vorhin ab, Ihres Oheims Lieblingslied ~~zu singen~~. — Jetzt werde ich es thun.

Volkmar. Oh, Sie sind gütig —.

Ottone. Aber ich werde gewiß sehr schlecht ~~singen~~; die Erinnerung wird mich vielleicht zittern machen, denn bei den ~~Klängen~~ dieses ~~Liedes~~ schloß Ihr Oheim seine Augen für ewig.

Volkmar. ~~Wenn es Ihnen schwer wird, unterbrechen Sie den Gesang.~~ (Setzt sich in den Armstuhl).

## Nr. 1.
### Lied der „Ottone,"
(wehmüthig).

1. Still will ich's tragen, wenn's Herz mir auch bricht,
   Was in mir lebet, Du weißt es ja nicht.
   Besser, ja besser ist's von Dir zu geh'n,
   ~~Von Dir zu geh'n —~~
   Kannst ja doch nimmer mein Lieben versteh'n.

2. Fort muß ich, fort, und Du bleibest zurück,
   Gebe Dir Gott alle Freud', alles Glück!
   Will Dir's nicht stören, sollst nimmer mich seh'n,
   ~~Nimmer mich seh'n,~~
   Konntest ja doch nicht mein Lieben versteh'n.

3. Doch bist verlassen Du einst und betrübt,
   Ruf' dann, o rufe das Herz, das Dich liebt!
   Dich nur errettend, will selbst ich vergeh'n,
   ~~Selbst ich vergeh'n —~~
   Wirst dann mein Lieben, mein Lieben versteh'n.

Volkmar (steht bewegt auf, geht langsam zu ihr und erfaßt ihre Hände). Mein Oheim hat Sie geliebt wie sein Kind — seien Sie von jetzt an meine Schwester! (Geht links ab).

Ottone (allein. Zieht nach kurzer Pause den Brief aus dem Busen). Oh, ist es möglich! (Liest.) „Wenn Du diese Zeilen liest, bin ich nicht mehr. „Hab' Dank, meine Wohlthäterin, meine Pflegerin. Leb' wohl, theures „Abbild des Weibes, das ich so heiß und so unglücklich geliebt. Du „bist meine Erbin. Wogegen Du Dich bei meinen Lebzeiten oft, so „heftig gesträubt; ich bitte Dich, nach meinem Tode es geschehen zu „lassen. Das rechtskräftige Testament, das Dich zu meiner Universal= „erbin einsetzt, befindet sich in den Händen meines Freundes, des „Cantors Schwarze. Gedenke meiner, Gott segne Dich." (Sie küßt den Brief. Pause.) Jetzt verstehe ich die Worte dieses Heuchlers. „Er kann mich glücklich machen, wenn ich sein Weib werde." Er hat das Testament unterschlagen; er wird's nur dann herausgeben, wenn ich die Seine geworden bin. — Soll ich den Kampf mit ihm aufnehmen? Ist es der Mühe werth? Vielleicht nicht.

## 4. Auftritt.

Ottone. Volkmar Löffel. Schwarze. Röthlich.

**Volkmar** (von den Anderen begleitet, kommt zornig von links, hält das Dokument in der Hand, das er zuerst mitnahm). Fräulein, was muß ich hören! Sie haben mich und mein Werk tief beleidigt und verletzt.

**Ottone.** Ich? Was habe ich gethan?

**Löffel.** Leugne die Jungfer nicht. Unfriede hat sie gesäet in der Gemeinde!

**Schwarze.** Uns Alle, unsere Maßregeln, unser ganzes neues Gemeindewesen hat Sie lächerlich gemacht.

**Röthlich.** Die Freiheit, die Gleichheit, die Brüderlichkeit verspottet.

**Ottone** (lächelnd). Ah, das meinen die Herren? Nun, wenn Sie auch etwas übertreiben, so leugne ich doch nicht, was ich gesagt.

**Volkmar.** Sie haben unsere neuen Einrichtungen bitter getadelt?

**Ottone.** Ja. Aber darf man in einem freien Staate, wie Sie ihn geschaffen, nicht seine Meinung äußern.

**Schwarze.** Mulier taceat in ecclesia!

**Volkmar.** Sie haben unsere Einrichtungen dem Hohn und der Verachtung ausgesetzt.

**Ottone.** Pah, durch die Fabeln und Geschichten, die ich erzählt?

**Schwarze.** Aha, das von der Fabel, die Sie der lieben Schuljugend erzählt hat, gesteht Sie schon ein.

**Volkmar.** Was war das für eine Fabel? Kann man sie hören.

**Ottone** (mit leisem Humor). Warum nicht? Merkt sie Euch Ihr Herren. Der Löwe war vor Zeiten König der Thiere. Da er aber großmüthig war, sprach er zu den Thieren des Waldes und Feldes: „Ihr sollt nicht mehr vor mir zittern, ihr sollt frei sein, wir wollen eine Republik errichten." Und die Thiere erwählten sich neue Häupter und sprachen: Wir müssen einen Präsidenten haben, der geduldig ist, unsern Willen thut, und sie wählten den Esel, der zu Allem sein „Ja" sagt. Und sie sprachen: Wir müssen einen Feldherrn haben, von sanftmüthigem Charakter, der uns nicht in unnöthige Kriege stürzt, und sie machten den Hasen zum General. Zu Ministern aber wählten sie das Schaaf, die Gans und den Ochsen. Als das der Löwe sah, war er unzufrieden und knurrte über die Thorheit der Thiere. Diese aber sprachen die Verbannung über ihn aus und schickten ihn in die Wüste. Es war aber ein falsches und listiges Thier im Reiche, das benachrichtigte den Menschen von Allem, was geschehen. Da kam der Mensch und wollte die Thiere beherrschen. Diese schickten ihm den Esel entgegen, daß er ihre Rechte vertheidige. Der Mensch aber sprach: Soll ich Euer Herr sein? Und der Esel sagte „Ja." Da schickten die Thiere

den Hasen, daß er den Menschen vertreibe. Der Hase aber lief da=
von. So wurde der Mensch Herrscher über die Thiere. Er schickte
den Esel in die Mühle, er rupfte die Gans, schor das Schaaf und
schlachtete den Ochsen.

Volkmar. Und erinnerte sich der Löwe nicht seiner Pflicht und
befreite sein Volk?

Ottone. Der Löwe war vor Gram über den Undank gestorben.
(Kurze Pause.)

Schwarze. Die Thiere waren thöricht. Sie hätten ein klügeres
Oberhaupt wählen sollen.

Ottone. Den Fuchs etwa? Der eben hatte die Thiere an den
Menschen verrathen.

Schwarze. Ei, welche Stelle hat denn der Fuchs im Thierreich?

Ottone. Welche Stelle? Er war Pietist.
(Pause.)

Volkmar. Mit alle dem wollen Sie doch wohl sagen, daß Sie
sich unsern neuen Einrichtungen nicht unterwerfen wollen?

Schwarze. Ich beantrage gegen diese Empörerin Ausstoßung
und Verbannung aus unserer Gemeinde.

Röthlich. Ich auch!

Löffel. Ich auch!

Volkmar. Sie hören es, erklären Sie, wollen Sie sich unseren
Gesetzen unterwerfen?

Ottone. Ihrem Befehle will ich folgen.

Volkmar. Nicht von mir, von unseren Gesetzen ist die Rede.

Ottone. Ich kann dem Löwen gehorchen, nicht den Füchsen und
Eseln.

Volkmar. Ich selbst habe mich diesen Gesetzen unterworfen.
Sehen Sie hier, (giebt ihr das Dokument) meine Unterschrift. Wenn ich
mich jemals über diese Gesetze stelle, können diese drei Männer die
Verbannung über mich aussprechen, und als Bettler gehe ich von hier.

Ottone (mit steigendem Feuer). Und das haben Sie unterschrieben?
Sie, der Sie unendlich viel Gutes wirken konnten, machen sich von der
Laune der Dummköpfe und Schleicher abhängig. Nicht frei haben Sie
sich und Ihre Unterthanen gemacht, sondern zu Sklaven. Soll der
Löwe in der Wüste sterben? Nein! (Sie zerreißt das Dokument und wirft
die Stücke zu Boden.)

Schwarze. Rebellion!

Röthlich. Verrath!

Löffel. Empörung!

Volkmar (nach einer Pause, fest). Hebt das auf! (Schwarze thut es.)
Drei solche Dokumente sollen geschrieben werden, von mir unterzeichnet
und Jeder von Euch bewahre Eins davon. — Fräulein Ottone Hart=
mann, Sie sind ausgestoßen aus unserer Gemeinde, Sie sind verbannt
und haben diesen Boden für immer zu verlassen. (Zu den Andern.)
Folgt mir. (Er geht einige Schritte und bleibt dann stehen.) Was Sie an

meinem Oheim gethan, werde ich nie vergessen, und für Sie forgen,
wie ein Bruder.

Ottone (ſtolz). Ich verachte Ihr Geld.

(Volkmar geht von den Andern gefolgt, links ab.)

Ottone (allein). Mich verſtößt Ihr? Mich treibt Ihr fort, die
ich, nach Recht und Geſetz, Herrin bin auf dieſem Boden? O, wäre
das Teſtament erſt in meiner Hand! Dieſer Elende aber wird es mir
vorenthalten, wird Alles leugnen. Und wenn ich das Teſtament habe?
Was dann? (Milde) Könnte, dürfte ich mein Recht verfolgen? Könnte
ich's. (Senkt das Haupt einen Augenblick, dann, es wieder erhebend ~~und indem die
Muſik des Orcheſters leiſe einfällt~~ — ſingt ſie wehmüthig die erſte Strophe des ~~Liedes~~:)

Nr. 2. (Vide: Nr. 1.)

Still will ich's tragen, wenn's Herz mir auch bricht,
Was in mir bebet, Du weißt es ja nicht.
Beſſer, ja beſſer iſt's, von Dir zu geh'n,
~~Von Dir zu geh'n,~~
Kannſt ja doch nimmer mein Lieben verſteh'n.

(Der Vorhang fällt.)

---

# Dritter Aufzug.

(Platz vor dem Wirthshaus wie im erſten Aufzug.)

## 1. Auftritt.

Röthlich und mehrere andere liederliche Geſellen (ſitzen
trinkend am Tiſch. Beim Aufgehen des Vorhangs ſteht Röthlich, ein Glas in der
Hand, auf und ſingt):

### Nr. 3. Trinklied.

1. Ach, hätte mir der Herrgott blos
Geſchenkt den ganzen Erdenkloß!
Dann ließ ich wachſen rings umher
Nicht Bäume und nicht Wälder mehr;
Nur Reben blühten überall,
Und Trauben, Trauben ohne Zahl.

Chor wiederholt die letzten Zeilen.

2. Dann nähm' ich meinen Erdenkloß,
Und mit 'nem Bohrer rieſengroß
Macht' ich daraus ein weites Faß,
Das füllte ich mit goldenem Naß —
Dann legte ich davor mich quer
Und tränk' die ganze Tonne leer.

Chor wiederholt 2c.

3. Und käm zuletzt ein frommer Mann
Und heulte: „Was hast Du gethan,
„Du trankst die ganze Erde aus,
„Nun mußt Du in der Hölle Graus."
Den Kerl, den salzte ich mir ein —
Fräß' ihn als Hering hinterdrein.
Chor wiederholt ꝛc.
(Allgemeiner Jubel.)

## 2. Auftritt.

### Vorige. Volkmar. Löffel.

Löffel (zu Volkmar, höhnisch auf die Gruppe zeigend). Da seht nur,
Bürger Volkmar, das nennen diese Burschen Arbeit.
Röthlich (verlegen). Donnerwetter! (Die Andern schleichen sich leise fort.)
Volkmar. Bürger Röthlich, ich bin erstaunt. Ihr sollt die Auf=
sicht bei der Anlegung des neuen Teiches führen, und ich finde Euch
hier trinkend und singend mit liederlichen Gesellen?
Röthlich. Das macht — das hat — das ist — der Festtag.
Löffel. Festtag? Heut ist doch kein Festtag?
Volkmar. Ah, ich merke, Röthlich, Ihr seid ein fauler, leicht=
sinniger Mensch.
Röthlich. Das bin ich nicht. Aus Aerger hab' ich getrunken.
Volkmar. Aus Aerger? Worüber?
Röthlich. Ueber den Bürger Löffel, der die drei Fuhren Holz,
die wir von den umgeschlagenen Bäumen haben, nicht in den Schup=
pen, sondern auf seinen Hof hat fahren lassen.
Volkmar. Wie?
Löffel. Allerdings — das heißt — ich dachte —
Volkmar. Nun?
Löffel. Ich habe das Holz an die armen Leute vertheilt.
Volkmar. So? Gut, Ihr werdet mir heut Abend die Empfangs=
scheine darüber vorlegen.
Löffel (für sich.) Verdammt.
Volkmar. Uebrigens muß ich Euch allen Beiden sagen, Ihr
scheint das Vertrauen, das Eure Wähler in Euch gesetzt haben, keines=
wegs zu rechtfertigen. Eine Verfassung, wie die unsere, kann nur be=
stehen, wenn ein Jeder seine Pflicht erfüllt. Fort jetzt an Eure Geschäfte.
Röthlich (für sich). So was soll ich mir als Abgeordneter ge=
fallen lassen?
Löffel. Ist das die versprochene Freiheit?
Röthlich. Das ist ja ein Wütherich.
Löffel. Ein Tyrann.
Röthlich. Ein Menschenschinder.
(Beide ab.)

# 3. Auftritt.

**Hinz** (mit einem großen Butterbrod in der Hand, kommt aus dem Wirthshaus und setzt sich, essend und mit den Beinen schlänkernd auf den Tisch).

**Volkmar** (umhergehend). Seltsam, daß es so viele Menschen giebt, die ihr Glück nicht begreifen können — und dies Fräulein Hartmann — macht sie es nicht ebenso? Freilich auf eine andere Art — (Bemerkt Hinz, und bleibt vor ihm — der ruhig weiter ißt — stehen). Nun, mein Junge, gehst Du heut nicht zur Schule?

**Hinz.** Ne!

**Volkmar.** Warum denn nicht?

**Hinz.** Unser Lehrer, der Herr Cantor, hat die Schule abgeschafft.

**Volkmar.** Was?

**Hinz.** Der Herr Cantor sagt: Bildung ist Luxus.

**Volkmar** (für sich). Das wird immer besser. (Laut.) Kannst Du denn lesen?

**Hinz.** Ne.

**Volkmar.** Willst Du's denn nicht lernen?

**Hinz.** Ne.

**Volkmar.** Nicht?

**Hinz.** Alle Menschen sind gleich, und Keiner darf was vor dem Andern voraushaben. Meine Mutter kann nicht lesen, brauch' ich's auch nicht zu können.

**Volkmar** (in die Scene blickend). Da kommt ja der Herr Cantor — Geh' einmal in's Haus, mein Sohn!

(Hinz geht, bleibt aber an der Thür lauschend stehen.)

**Schwarze** (mit Büchern unter dem Arm, tritt auf).

**Volkmar** (ihm entgegen). Schöne Geschichten höre ich, Bürger Schwarze, Sie halten keine Schule mehr?

**Schwarze.** Nein. Wozu denn das eitle Wissen?

**Volkmar.** Herr, sind Sie besessen?

**Schwarze.** Die sogenannte Bildung, um mich eines allerdings nicht christlichen Vergleiches zu bedienen, ist die Pandorabüchse, aus welcher alle Uebel der Welt hervorgegangen sind.

**Volkmar.** Also soll die Menschheit Ihrer Ansicht nach dumm bleiben?

**Schwarze.** O nein, eben habe ich aus der Stadt eine Anzahl nützlicher Bücher kommen lassen, an welchen sich unsere Dorfjugend erbauen soll.

**Volkmar.** Zeigen Sie doch (liest einen Titel): „Historia von einem kleinen Christenknaben, den die Heiden geröstet haben." (Liest einen andern Titel.) „Erbauliche Geschichte von einem frommen Droschkenkutscher." Herr! auf der Stelle packen Sie sich mit Ihren albernen Büchern zum

Kukuk, lassen die Schuljugend zusammenrufen und beginnen sofort einen vernünftigen Unterricht.

Schwarze (giftig). Mir ist die Leitung des Schulwesen anver=traut, ich habe zu bestimmen.

Volkmar (zornig). Fort, sage ich! Morgen lasse ich die Ge=meinde zusammenrufen! Dann wird es sich zeigen, ob Sie noch ferner die Schule leiten.

Schwarze (verbissen für sich). Na warte, Du Caligula, Du Nero!
(Eilt ab.)

Volkmar (geht aufgeregt umher).

Hinz. Das ist gut, daß der Herr Lehrer eins ausgewischt ge=kriegt hat. Hurrah! Da muß mir Mutter noch 'n Butterbrod schmieren. (Ab in's Haus.)

Volkmar. Hm, unsere Gemeinde=Verfassung hat einige Lücken. Ich hätte mir Rechte vorbehalten sollen. Ottone hatte nicht so Unrecht.

## 4. Auftritt.

Volkmar. Dusel (im Mantel mit Spieß und Horn, kommt angetrunken von rechts).

Volkmar. Was ist denn das? Der Nachtwächter? Heda, guter Freund, was wollt Ihr?

Dusel (lallend). Mein Menschenrecht!

Volkmar. Was seh' ich? Ihr seid ja betrunken.

Dusel. Das ist — mein Menschenrecht!

Volkmar. Was will Er denn eigentlich?

Dusel. Mein Menschenrecht!

Volkmar (zwischen Aerger und Humor). Erklär' Er sich deutlicher.

Dusel. Mein Menschenrecht ist, des Nachts zu schlafen, wie andere Leute. Ich will nicht mehr des Nachts durch's Dorf bummeln.

Volkmar. Gut, so leg' Er sein Amt nieder.

Dusel. Ne! Nachtwächter zu sein, ist mein Menschenrecht!

Volkmar. Nun also, dann muß Er doch das Dorf bewachen.

Dusel. Will ich auch. Von Mittags zwölf bis zwei will ich gern Nachtwächter sein.

Volkmar (für sich). Zu solchen Leuten muß man mit Liebe und Sanftmuth reden. (Laut.) Mein lieber Freund, der Nachtwächterposten ist allerdings schwierig, aber ehrenvoll. Wer behütet das Dorf des Nachts vor Feuersgefahr? Wer schützt die Schläfer vor Räuber und Dieben? Wer hält die Ordnung in den Straßen aufrecht? Der Nachtwächter. Er ist eine Respektsperson.

Dusel (gerührt). Ja, wenn Ihr so sprecht. Eine Respektsperson? Da will ich auf meinen Posten gehen. (Geht einige Schritte.)

Volkmar (für sich). Ich sagte es ja, mit Liebe ist vom Volke Alles zu erreichen.

Dufel (ſich umbrehend). Sagtet Ihr nicht neulich, alle Menſchen ſind Brüder?

Volkmar. Allerdings, mein Freund.

Dufel. Und ſoll in der Noth nicht einer für den andern ein=treten?

Volkmar. Das iſt Pflicht.

Dufel. Na, Bruder, dann mach' Du heute mal für mich den Nachtwächter.

Volkmar. Was?

Dufel (hält ihm den Spieß hin). Bruder, hier haſt Du meinen Speer, Meinem Arm wird er zu ſchwer.

Volkmar. Iſt Er toll?

Dufel. Bruder, ich leg' mich dafür in Dein Bette.

Volkmar. In mein Bett?

Dufel. Das iſt mein Menſchenrecht!

Volkmar. Jetzt packe Er ſich auf der Stelle ſeiner Wege, Patron.

Dufel. Du verweigerſt mir mein Menſchenrecht? Na begegne Du mir mal des Nachts, wenn Du ſchräge biſt, Du kommſt in's Loch.

Volkmar. Fort von mir, unverſchämter Menſch!

Dufel (ſieht in die Scene). Stille. Da geht der Mond auf. Mond, was beſtrahlſt Du für ſcheußliche Menſchen! (Weinend). Mond, Du biſt des armen Nachtwächters einziger Freund! Mond, gieb mir mein Menſchenrecht! (Wankt ab).

Volkmar (allein). Ich weiß nicht, ſoll ich lachen oder mich ärgern. Wenn das Ottone gehört hätte, ſie würde triumphirt haben. Ob ſie das Schloß ſchon verlaſſen hat? Wer kommt dort? Die drei alten Weiber? Die haben mir gefehlt!

## 5. Auftritt.

**Volkmar. Kielmeyer. Spindelmatz. Trogtigel.**

Kielmeyer (die zuerſt auftritt, ruft). Spindelmatzen, Trogtigeln, kommt doch! da iſt der Bürger.

Alle Drei (knixend). Guten Abend, Bürger Volkmar.

Volkmar (grüßend). Guten Abend, Bürgermann. (Will gehen).

Kielmeyer. Halt, Bürger! Da geblieben!

Spindelmatz. Wir haben Sie geſucht!

Trogtigel. Wir müſſen mit Ihnen reden!

Volkmar. Womit kann ich dienen?

Kielmeyer. Bürger, Sie ſind der Mann der Freiheit und Gleichheit.

Spindelmatz. Sie haben hier ſchon Alles mögliche umge=ſchuſtert.

Trogtigel. Sie sollen uns auch umschustern.

Volkmar. Ich verstehe nicht.

Kielmeyer. Frauen=Emancipation ist unsere Losung.

Volkmar. Frauen=Emancipation!

Spindelmaß.⎫
Trogtigel ⎭ Frauen=Emancipation.

Volkmar. Aber —

Kielmeyer. Sind wir armen Weiber nicht die Sclavinnen der Männer?

Spindelmaß. Zwar sagen uns die Männer allerhand Süßig= keiten und thun schön mit uns.

Volkmar (erstaunt). Mit Ihnen?

Trogtigel. Zuletzt müssen wir aber doch in's Ehejoch.

Volkmar. Ach, haben Sie doch keine Angst.

Kielmeyer. Aber wir haben beschlossen, nicht zu heirathen.

Spindelmaß. Es müßte denn ein ganz außerordentlicher Mann sein.

Trogtigel (mit vielsagendem Blick). Etwa einer wie der Bürger Volkmar.

Volkmar (trocknet sich die Stirn). Mir wird Angst.

Kielmeyer. So haben wir drei denn heute bei einer gemüth= lichen Tasse Kaffee einen Frauen=Emancipations=Verein gegründet.

Spindelmaß. Aber für den Anfang fehlt uns noch ein männ= licher Beistand und Schutz.

Trogtigel (süß und koquett). Und da wollen wir denn den Bürger Volkmar bitten, uns zu beschützen.

Volkmar. Sagen Sie, meine werthe Damen, was denken Sie sich denn unter Frauen=Emancipation?

Trogtigel. Na, daß wir Alles das thun können, was die Männer thun, z. B. wählen und Reichstags=Abgeordneter werden.

Spindelmaß. Oder Professor oder Cavallerie=General.

Kielmeyer. Daß man ungenirt in's Wirthhaus gehen kann oder auch 'n Bischen rauchen.

Trogtigel. Eine Pfeife hab' ich mir schon angeschafft. (Zieht eine kurze Pfeife hervor, die sie in den Mund nimmt).

Volkmar. Jetzt wird's mir zu bunt. Lassen Sie mich gefälligst in Ruh' mit Ihren Albernheiten.

Die drei Basen. Albernheiten?

Volkmar. Wenn irgend ein hübscher junger Mädchen= oder Frauenkopf derlei Ideen hat, läßt man sich's gefallen; wenn aber Per= sonen von Ihrem Exterieur. —

Kielmeyer (die Arme unterstemmend). Exterieur? Wie so — —
(Leise). Spindelmaßen, weißt Du, was Exterieur ist?

Spindelmaß. Ne. — Trogtigeln, was ist denn Exterieur?

Trogtigel. Das ist so'n neumodischer Baschlik.

Volkmar. Gehen Sie an Ihre häuslichen Geschäfte, meine

werthen Damen, kochen Sie, waschen Sie, buttern und stricken Sie.
Ueberlassen Sie derartige Fragen anderen Leuten; mich aber lassen
Sie gefälligst ungeschoren.

**Kielmeyer.** Siehste, siehste, siehste, Spindelmatzen! Ein Mann
ist wie Alle. Sich selber machen sie frei und haben's große Wort,
uns aber unterdrücken sie. Na, Bürger Volkmar, in Ihnen haben
wir uns schön getäuscht.

**Spindelmatz.** Sie wollen ein Freiheitsheld sein? Ein Tyrann
sind Sie!

**Kielmeyer.** Schämen Sie sich!

**Spindelmatz.** Pfui! (Beide ab).

**Trogtigel** (geht auf Volkmar zu, der scheu zurückweicht, sanft). Bürger
Volkmar, wenn wir die ganze Sache noch einmal vernünftig unter
vier Augen besprechen wollen, — ich bin dort, in der Hollunderlaube.
(Sie geht ab).

**Volkmar.** Als ich die Drei das erste Mal sah, fielen mir gleich
Macbeth's Hexen ein. Und mir scheint, sie waren ein böses Omen
für meine ganze Regierung! — O, Ottone! Ach! Ich muß auf's Schloß
hinauf. Ich muß sehen, ob sie schon fort ist. (Blickt in die Scene). Ha,
sie selbst. Sie scheint den Ort verlassen zu wollen. Ich muß sie noch
einmal sprechen. (Tritt zurück).

## 6. Auftritt.

**Volkmar.** Ottone (kommt traurig, mit einer kleinen Tasche am Arm. ~~Bei
ihrem Erscheinen beginnt die Musik des Liedes. Sie singt die zweite Strophe~~).

*[handschriftliche Notiz]*

**Nr. 4.** (Vide: Nr. 1.)

Fort muß ich, fort — und Du bleibest zurück,
Gebe Dir Gott alle Freud', alles Glück!
Will Dir's nicht stören, sollst nimmer mich seh'n,
~~Nimmer mich seh'n~~ —
Konntest ja doch nicht mein Lieben versteh'n.

**Volkmar** (zu ihr eilend, herzlich). Ottone!

**Ottone** (erschrickt). Ha!

**Volkmar** (sich fassend). Fräulein Hartmann.

**Ottone.** Sie sind es, mein Herr?

**Volkmar.** Sie wollen fort? Wollen uns verlassen?

**Ottone.** Das fragen Sie, der Sie mich verbannt haben?

**Volkmar.** Ja. Ganz recht — — aber ich will jetzt nicht mehr,
daß Sie gehen. Ich wünsche, daß Sie bleiben.

**Ottone.** Die Erfüllung dieses Wunsches zu erzielen, steht nicht
in Ihrer Macht.

**Volkmar.** O doch, doch! Ich werde es bei den Anderen schon
verantworten.

Ottone. Ei, haben Sie sich vielleicht das Begnadigungsrecht vorbehalten. Nun, mein Herr, ich gehe dennoch. Ich gehe, weil ich nicht bleiben will.

Volkmar. Oh, Sie wollen nicht bleiben?

Ottone. Leben Sie wohl! (Will gehen).

Volkmar (ihr in den Weg tretend). O, verlassen Sie mich nicht so, ich habe Ihnen so vieles zu sagen.

Ottone. Sie mir?

Volkmar. Ich wollte Sie in einigen Angelegenheiten um Rath bitten. Niemand kennt die Verhältnisse dieser Besitzungen so genau, wie Sie.

Ottone. Dieser Gedanke kommt Ihnen etwas zu spät.

Volkmar. Leider, aber ich wußte ja nicht — — (Zwingt sich zum Lachen). Wissen Sie, was heut Alles für närrische Dinge vorgegangen sind?

Ottone. Nein.

Volkmar. Das halbe Dorf habe ich mir zu Feinden gemacht, den Schulzen, weil ich ihm seine Durchstechereien, den Hans Röthlich, weil ich ihm seine Liederlichkeit verwies. Auch der Kantor grollt mir, ja sogar der Nachtwächter und die drei alten Basen! Hahaha! Aber Sie lachen ja nicht?

Ottone. Hatten Sie mir noch etwas zu sagen? Meine Zeit eilt.

Volkmar. Sie dürfen nicht fort. Mir ist, als ginge mit Ihnen ein Stück meines Herzens — (Macht eine Bewegung der Ueberraschung, er hält inne, faßt sich dann und sagt mit tiefem Gefühl): Fräulein, ich bitte, ich beschwöre Sie, gehen Sie nicht, bleiben Sie hier.

Ottone (nach kurzer Ueberlegung). Wohlan, ich will bleiben, aber unter einer Bedingung. Heben Sie jenen unsinnigen Vertrag auf, seien Sie wieder der freie Herr Ihrer Besitzungen.

Volkmar. Ah, Sie wollen, daß ich begehe, was man im Großen einen Staatsstreich nennen würde.

Ottone (lachend). Wenn Sie es so nennen wollen.

Volkmar (ernst). Fräulein, in kleinen engen Kreisen nennt man das einen Betrug.

Ottone. Sie nehmen die Sache zu streng. Und wenn diese ganze Angelegenheit vor den Richter käme, glauben Sie, daß der Spruch nicht zu Ihren Gunsten ausfiele.

Volkmar. Möglich. Aber einen Richter giebt's, welcher nicht zu meinen Gunsten sprechen würde, der sitzt hier. (Auf's Herz deutend). Das ist mein Gewissen.

Ottone. Aber, mein Gott, wenn Sie nun einsähen, daß Sie sich in Ihren Voraussetzungen geirrt haben, daß diese Menschen hier gar nicht reif zur Verwirklichung Ihrer guten Absichten sind? Wenn Sie einsähen, daß Sie eine Thorheit begangen hätten, würden Sie auch dann Ihr Wort nicht zurücknehmen?

**Volkmar.** Auch dann nicht. Habe ich eine Thorheit begangen, so muß ich auch die Folgen tragen. Mein Wort breche ich nie, nie!

**Ottone.** Und wenn nun die, mit denen Sie den Vertrag schlossen, ihn selber brechen? Wenn schwarzer Undank und Verrath Sie belohnt? Was würden Sie dann thun?

**Volkmar.** Ich weiß nicht, wie Sie das meinen. Das Eine nur weiß ich, daß mir jede List, jede Umgehung des Rechts fern bleiben wird, und daß ich mit eiserner Festigkeit mein Wort halten werde. — Aber reden wir nicht mehr davon, Ottone, werden Sie meine Bitte erfüllen? Werden Sie bleiben?

**Ottone** (fest und stolz). Ich bleibe nur, wenn die Verhältnisse hier sich gänzlich umgestalten.

**Volkmar** (mit tiefem Schmerze). So sind wir fertig miteinander. Ich kann zu Grunde gehen, aber mich nicht selbst verachten. — Fräulein, ich bitte nicht weiter, und ich sage Ihnen auch nicht Lebewohl. Aber wenn morgen die Sonne in mein Zimmer scheint, und man sagt mir, daß Sie fort sind, dann werde ich — (Es wird ihm unmöglich, weiter zu reden, er preßt mühsam heraus): Gute Nacht, gute Nacht! (und eilt ab).

**Ottone** (allein, blickt ihm bewegt nach, sinnt einen Augenblick nach und sagt dann mit ausbrechendem Gefühl). Ich bleibe!! (Legt ihre Tasche auf den Tisch und geht aufgeregt umher). Aber auch ich halte mein Wort: Ich bleibe nur, wenn sich die Verhältnisse umgestalten. „Das halbe Dorf hat er zu Feinden" sagte er — wohlan, machen wir eine Revolution. — (Streckt die Arme gen Himmel). Himmlischer, lächelnder Knabe mit den goldenen Flügeln, der Du so oft Deine neckische Rolle spielst, beim Lallen eines Kindes und bei den großen Ereignissen der Weltgeschichte — ich meine Dich, göttlicher Humor! Senke Dich hernieder und bringe mir Gedanken! Wer kommt? Hans Röthlich? Vortrefflich!

## 7. Auftritt.

**Ottone.** **Röthlich** (kommt gelaufen).

**Röthlich.** Was sehe ich? Die Jungfer noch hier? Ihr solltet längst jenseits der Grenze sein.

**Ottone** (ihre Tasche nehmend). Ich gehe schon, Hans Röthlich. — Will Euch aber vorher noch eine interessante Neuigkeit erzählen, etwas vom Bürger Volkmar.

**Röthlich.** Von dem Menschenschinder? Das ist mir ganz egal.

**Ottone.** Bürger Volkmar wird sich verheirathen.

**Röthlich.** Meinetwegen.

**Ottone.** Und wißt Ihr, mit wem?

**Röthlich.** Nun?

**Ottone.** Mit Jungfer Suschen.

**Röthlich** (schreit). Mit wem?

Ottone. Mit des Schulzen Tochter. Es weiß noch kein Mensch was davon, aber mir hat's Bürger Volkmar eben gesagt. Na, und einen so reichen Mann wird Suschen doch nehmen.

Röthlich. Ah! (Sinkt niedergedonnert in den Stuhl).

Ottone (für sich). Glimme Funke, glimme, und sprenge mir die ganze Festung in die Luft.

Röthlich (starr). Suschen.

Ottone (mit Malice). Sinnt nur nach über ein hübsches Hochzeitsgeschenk. Gute Nacht, Hans Röthlich! (trällert).

Du, Du, liegst mir im Herzen,
Du, Du, liegst mir im Sinn.
(Geht hinter das Wirthshaus ab).

Röthlich (springt wüthend auf). Ich schlage ihn todt, den Buben, ich erbroßle ihn. Ehe ich mein Suschen lasse, brenne ich das Dorf nieder. Was beginne ich? Runter muß er diese Nacht noch von seiner Herrschaft! Runter muß er, runter!

## 8. Auftritt.

### Röthlich. Löffel.

Löffel. Na, was rennt Ihr denn herum wie verrückt?

Röthlich. Aus Wuth über diesen Volkmar.

Löffel. Hat er Euch wieder eins ausgewischt? Ich hab' ihn auch satt.

Röthlich. Wißt Ihr das Allerneueste?

Löffel. Nun?

Röthlich. Er will heirathen.

Löffel. Ei! Wen denn?

Röthlich. Denkt nur, keine Andere als — (Er stockt).

Löffel. Nun?

Röthlich (für sich). Teufel, wie dumm! Sag' ich ihm, daß er seine Tochter heirathet, verderb' ich mir die ganze Geschichte.

Löffel. Na, bleibt Euch das Wort im Munde stecken?

Röthlich (für sich). Ich hab's. Ich nenne seine eigene Liebste.

Löffel. Na, wen will er denn heirathen?

Röthlich. Unsere Gastwirthin, die Wittwe Renata!

Löffel (starr). Was?

Röthlich. Die Renata hat Geld. Wer weiß, wie lang seine Herrschaft dauert. Er sieht sich vor.

Löffel. Die Renata? Unmöglich!

Röthlich. Volkmar selbst hat's mir gesagt. Er fragte mich nach Renata's Vermögen, sagte, er habe sie zum Fressen lieb.

Löffel (wüthend). Ich breche dem Kerl den Hals, die Renata, meine Renata!

Röthlich. Ach, ich erinnere mich; Ihr habt ja selbst Absichten auf die Renata.

Löffel. Hans, einziger Hans! Ich will Euch all' Eure Schel=menstreiche verzeihen, aber verlaßt mich jetzt nicht, steht mir bei!

Röthlich. Ich stehe zu Euch mit Leib und Seele.

Löffel. Bürger Volkmar muß abgetreten werden.

Röthlich. Runter muß er!

Löffel. Still! Dort kommt der Kantor.

Röthlich. Wir müssen ihn mit in's Vertrauen ziehen.

Löffel. Ihn?

Röthlich. Er hat ja vor einiger Zeit der Renata den Hof gemacht.

Löffel. Eben deswegen hab' ich ihn verdrängt. Aus purer Schadenfreude würde er Volkmar beistehen. Wir müssen ihm eine Andere als Volkmar's Geliebte nennen.

Röthlich. Aber über welche sollte er sich ärgern?

Löffel. Laßt mich nur machen und stimmt mir bei.

## 9. Auftritt.

Vorige. Schwarze. Ottone (wird einige Mal sichtbar).

Schwarze. Guten Abend, Ihr Herren! So vertraulich bei=sammen?

Löffel. Der Aerger hat uns zusammengeführt.

Schwarze. Der Aerger.

Röthlich. Ueber den Bürger Volkmar.

Schwarze. Ja. Er ist ein Sünder, ein Schächer!

Löffel. Wißt Ihr Cantor, daß er heirathen will?

Schwarze. So? Wen denn?

Röthlich. Na, die — die — die —

Löffel. Diese Heirath schlägt uns und unsere neuen Gemeinde=gesetze gerade in's Gesicht.

Schwarze. Wie so?

Löffel. Na, wenn er ein Frauenzimmer heirathet, die wir aus unserer Gemeinde ausgestoßen und verbannt haben.

Schwarze. Was? Was?

Löffel. Welche Schmach für uns. Und wie wird die Mamsell triumphiren und sich an uns rächen.

Schwarze. Er will doch nicht die Ottone Hartmann heirathen?

Röthlich. Eben die.

Löffel. Er hat's uns selbst gesagt.

Schwarze. Die Hartmann? Das darf niemals geschehen! Niemals!

Röthlich. Abgesetzt und verbannt muß er werden, diese Nacht noch.

Schwarze. Abgesetzt und verbannt? Bruder, Du haft das
Richtige getroffen! (Breitet die Arme aus).
Röthlich. Bruder! (Sinkt an seine Brust).
Löffel (auf die Gruppe deutend). O Wunder! Die Schwarzen und
die Rothen machen Brüderschaft.
Schwarze. Auf, jetzt zur Rache!
Röthlich. Nieder mit den Tyrannen!
Löffel. Reichen wir uns die Hände und rufen:
Alle Drei. Runter muß er! Runter! (Stürzen ab).
Ottone (hinter dem Hause hervoreilend). Bravo! Bravo! Hätte ich
Euch die Rollen einstudirt, Ihr könntet sie nicht besser spielen. Die
Rebellion bricht los. Aber mir fehlen noch einige Nachtgestalten. Ah,
da kommen sie schon — meine Petroleusen. (Zieht sich zurück).

## 10. Auftritt.

Ottone. Die drei Basen. (Später) Dusel.

Kielmeyer. Schämen solltest Du Dich, Trogtigeln!
Spindelmatz. So einen Menschen in der Hollunderlaube zu
erwarten.
Trogtigel. Aber ich wollte ihn ja nur für die Emancipation
gewinnen.
Kielmeyer. Dich kennen wir, Trogtigeln!
Ottone (außer sich vorstürzend). Entsetzlich! schrecklich!
Kielmeyer. Ha! Was giebt's?
Spindelmatz. Die Hartmann?
Trogtigel. Was schreit sie denn?
Ottone. Das Ungeheuerste, das Unglaublichste ist soeben aus=
gebrütet worden. O, diese Männer, dieser Bürger Volkmar!
Trogtigel. Sitzt er etwa in der Hollunderlaube?
Spindelmatz. Was ist's mit Volkmar?
Ottone. Die äußersten Grenzen der Tyrannei überschreitet er.
So eben haben er und seine Helfershelfer beschlossen, daß eingeführt
werden soll — erschreckt nur nicht —
Die drei Basen. Nun?
Ottone. Es soll eingeführt werden die Vielweiberei!
Die drei Basen. Die Vielweiberei?
Trogtigel. Spindelmatzen, halte mich!
Ottone. Eine Liste haben die Bösewichter angefertigt. Sämmt=
liche Mädchen und Frauen des Dorfes sind bereits ihren künftigen
Männern zugeschrieben.
Kielmeyer (schwach). An wen fallen wir denn?
Spindelmatz (ebenso). Werden wir Drei denn zusammen bleiben?
Trogtigel. Nimmt uns vielleicht der Bürger Volkmar?

3

Ottone. Arme Lämmer! Wenn Ihr Eure künftigen Gatten kennen würdet!

Kielmeyer. Nun?

Spindelmatz. Sie machen uns ganz ängstlich.

Ottone. Euer künftiger Gatte — (zeigt auf den eintretenden Dusel.) Dieser ist's!

Die Basen (schreiend). Der Nachtwächter!

Ottone. Bürger Volkmar sagte, für den Nachtwächter wäret Ihr Drei gerade gut.

Kielmeyer. Zu viel, zu viel, ich lauf' in's Dorf, ich schrei' alle Basen auf.

Spindelmatz. Wir bewaffnen uns, ich schrei Feuer!

Trogtigel. Eingesperrt muß er werden, abgesetzt! Rache!

Alle Drei. Rache! Rache! (Stürzen ab).

Dusel (lallend). Was ist denn hier los?

Ottone. Bürger Volkmar soll eingesperrt und abgesetzt werden.

Dusel. Das ist ihm recht. Er hat mir meine Menschenrechte gestohlen.

Ottone. Hat er Dich auch beleidigt? Nun denn, so lauf' in's Dorf. Rufe: Rebellion! Stoß' ins Feuerhorn! Schreie: Rache!

Dusel (abwankend). Rache! Rache!

Ottone. Hahaha! Horch! Sein Racheruf wird nicht mehr nöthig sein. Schon hör'- ich das Rauschen des Stromes, bald wird er den Damm durchbrechen. (Verbirgt sich.)

## 11. Auftritt.

Ottone (verborgen). Löffel. Schwarze. Röthlich. Die drei Basen. Dusel. Büttel. Volk. (Später) Volkmar.

(Alles kommt mit wildem Geschrei und in großer Aufregung.)

Es ist schändlich! Niederträchtig! Wir sind verrathen! Nieder mit ihm!

Löffel (schreiend). Bürger, laßt mich nur machen! Mir müßt Ihr Euch anschließen!

Schwarze. Nein, mir! Nur auf dem Wege der Frömmigkeit —

Röthlich (ihn unterbrechend). Nichts da! Nichts da! Wir wollen uns nicht mehr beschwindeln lassen. Nieder mit der Klassenherrschaft! Hurrah!

Volkmar (tritt rasch auf). Welch' ein Lärm? Was geht hier vor?

Röthlich. Da ist er.

Alle. Nieder mit ihm!

Löffel. Ruhe! Bürger Volkmar, Ihr werdet Euch verantworten.

Schwarze. Ihr seid ein Verräther!

Röthlich. Ihr seid ein Tyrann!

Volkmar. Aber erklärt mir —
Alle (schreiend). Nicht reden lassen! Absetzen!
Schwarze. Bürger Volkmar, kraft unserer Gemeinde-Verfassung erklären wir Euch für abgesetzt.
Volkmar. Aber so laßt mich doch zu Worte —
Alle (schreiend). Nicht reden —! Einsperren!
Löffel. Kraft unserer Gemeinde-Verfassung seid Ihr Gefangener. Nachtwächter, Büttel, sperrt ihn in den Thurm. (Volkmar wird von Dusel und Blase gepackt.)
Alle. Hurrah!
Volkmar. O, Ottone. Der Löwe fällt. Fuchs und Esel regieren.
Löffel. ⎫
Röthlich. ⎬ Fort mit ihm!
Schwarze. ⎭

(Volkmar wird abgeführt, Alles stürzt ihm im bunten Gewühl nach und brüllt beständig: Hurrah! Nur Löffel, Röthlich, Schwarze und die drei Basen bleiben auf der Scene.)
Löffel. Freunde, an mein Herz! Das war eine große That!
Schwarze. Die gute Sache hat gesiegt.
Röthlich. Die Freiheit ist gerettet!
(Sie umarmen sich, auch die Basen umarmen sich.)
Löffel. Jetzt aber heißt es, die Sache männlich weiter führen. Freunde, ich übernehme die Regierung.
Schwarze. Ihr? Das fehlte noch. Meine Beredsamkeit hat ihn gestürzt. — Ich ergreife die Zügel.
Röthlich. Seid Ihr toll? Das Volk ist souverain. Ich stelle mich an die Spitze.
Löffel (wüthend). Was? Also das war Eure Meinung? Ich bin Schulze von Alters her — mir habt Ihr zu gehorchen.
(Schwarze und Röthlich brechen in Gelächter aus.)
Löffel (immer wüthender). Wohlan, ich will's Euch zeigen! Alles laß' ich einsperren —, den Schwarzrock da, den Musje Röthlich und seine Bummler. Die alten Weiber dort. Alles wird eingesperrt!!
(Stürzt im Hintergrunde rechts ab).
Röthlich (brüllend). Verrath! Verrath! Wir sollen an's Schlacht-messer! Erwache Volk! Baut Barrikaden! Macht Wasser heiß! Petroleum her! Rache! Rache! (Hinten links ab.)
Die Basen (ringen die Hände). O jerum, jerum, jerum!
Schwarze (plärrend). Sammelt Euch um mich, getreue Lämmlein! Der Himmel ist mächtig in den Schwachen! Folgt mir zu den Waffen!
Die Basen: Zu den Waffen!
(Alle links im Vordergrunde ab. Das Orchester beginnt ganz leise die Marseillaise zu spielen.)

Nr. 5. (Melodramatische Musik.)

3*

## 12. Auftritt.

Ottone. (Dann) Hinz.

Ottone. Vorwärts, vorwärts, immer wilder wird der Strom, die Wellen donnern, die Dämme brechen! —
Hinz (kommt gesprungen). Hurrah! Es geht los!
Ottone. Was giebt es?
Hinz. Große Keilerei! Gleich wird's losgeh'n! Mamsell, ich habe noch ein ganzes Pfund rothe Flamme, soll ich anzünden?
Ottone. Zünde sie an, mein Junge, was Eisen nicht heilt, heilt Feuer!
Hinz. Hurrah, ich will die Geschichte beleuchten! (Springt in's Haus).
Ottone. Und nun — stürzt ihr Säulen der Vergangenheit! Steig' auf, blutrothes Gespenst! (Geht in's Haus, und erscheint gleich darauf auf dessen Balkon).

## 13. Auftritt.

Großer komischer Straßenkampf. Die Marseillaise ertönt lauter. Die Dorfglocke schlägt an. Man hört das Feuerhorn und entferntes Geschrei. Von rechts treten auf: Löffel und eine Anzahl Bauern, im Gänsemarsch; die Bauern sind komische philisterhafte Gestalten, einige in Schlafröcken und Nachtmützen. Sie sind mit Ofengabeln und dergleichen bewaffnet. Auch Dusel ist dabei. Den Schluß des Zuges bildet der Büttel. Sie marschiren im Kreis um die Bühne, während dem Löffel schreit: Nur mir nach! Ruhe ist die erste Bürgerpflicht! Wir wollen schon Ordnung stiften! — Sie stellen sich rechts auf. Aus dem Parterre-Fenster des Wirthshauses fällt jetzt ein heller Schein der von Hinz angesteckten bengalischen Flamme, die die Scene bis zum Fallen des Vorhanges beleuchtet. Von links ertönt wildes Geschrei. Es stürzen herbei: Röthlich und seine Anhänger, komische verbummelte Gestalten, darunter ein Mausefallenhändler, sie schreien: Hurrah!

Löffel. Wer da!
Röthlich. Die Commune!
Löffel. Streckt die Waffen!
Röthlich. Haut sie!

Der Kampf beginnt. Keine Partei weicht. Von links vorn erscheint jetzt: Schwarze mit einem großen Lineal, ihm folgen die drei Basen mit großen Besen bewaffnet, dann noch mehrere Weiber, alle komisch und mit den verschiedensten Gegenständen: Töpfen, Kochlöffeln u. s. w. armirt. Schwarze überblickt die Scene und schreit: Vorwärts!

Die Weiber greifen an. Jetzt löst sich Alles in verschiedene komische Gruppen. Röthlich und der Büttel wälzen sich auf der Erde herum. Links kauert der Mausefallenhändler und wird von der Kielmeyer mit dem Besen bearbeitet. Rechts am Wirthshaus liegt ein Bierfaß. Löffel ist hineingekrochen, so daß nur noch seine Beine heraussehen. Die Spindelmatz schlägt wüthend mit dem Besen auf das

Faß. In der Mitte des Vordergrundes fegt die Trogtigel mit ihrem Befen den herumfpringenden Dufel, der immer fchreit: „Mein Menfchenrecht!" Auf dem Tifche fteht Schwarze in Feldherrnftellung und fchwingt fein Lineal. Alles wird von der Flamme beleuchtet. Dazu das Geläute der Dorfglocke und mit voller Kraft des Orcheſters die Klänge der Marfeillaife. Ottone fteht in triumphirender Stellung auf dem Balkon.

(Der Vorhang fällt.)

# Vierter Aufzug.

(Schloßgarten. Hohe Bäume. Im Hintergrund eine Terraffe, darauf ein fteinernes Poftament mit Blumenvafen. Stufen führen zur Terraffe empor. Im Vordergrunde links ein kleiner Gartentifch und einige Stühle. Rechts: Gartenbank.)
(Es ift Morgendämmerung.)

## 1. Auftritt.

Ottone (in helle Farben gekleidet, fteht auf der Terraffe, an das Poftament gelehnt).

### Nr. 6.
### Lied.

Die Nacht ift nun entflohen,
Erwacht find Wald und Au',
Die Lerche fchwebt im hohen,
Im reinen Aetherblau.
Vor kaltem Hauch geborgen,
Die Blume lächelnd fpricht:
Sei mir gegrüßt, o Morgen!
Gegrüßt mein Sonnenlicht!

(Die Bühne wird hell. Ottone fchreitet während des Zwifchenfpiels die Terraffe herab, kommt langfam in den Vordergrund und fingt die zweite Strophe.)

Darum will ich Dir fagen,
Mein Herz, in dunkler Nacht
Sollft Du nicht muthlos zagen,
Wenn auch kein Stern Dir lacht.
Auch Du wirft nach den Sorgen
Einft fprechen: Zage nicht!
Sei mir gegrüßt, o Morgen!
Gegrüßt, mein Sonnenlicht!

(Setzt fich.)

## 2. Auftritt.

**Ottone.** **Renate** und **Suschen** (kommen von rechts).

**Renata.** Ah, da ist ja die Jungfer Hartmann. Ihr habt uns herrufen lassen, Jungfer?
**Ottone** (aufstehend). Ja. Aber erst eine Frage. Wie steht es im Dorfe?
**Renata.** Es ist Alles mäuschenstill. Die Polizeibeamten aus der Stadt, die die Jungfer herbeiholen ließ, haben das dumme Volk bald zur Raison gebracht.
**Suschen.** Erst sollte das halbe Dorf eingesperrt werden, aber unser Thurm war zu klein, und dann legte der Herr Volkmar, der gleich herausgelassen wurde, Fürsprache ein und verbürgte sich für die Uebelthäter.
**Renata.** Na, das wird noch einen schönen Prozeß geben.
**Suschen.** Ach Gott, ach Gott, wenn sie nur nicht den Hans Röthlich lebenslänglich einsperren.
**Ottone.** Beruhige Dich, Suschen; da Alle an dem Skandal betheiligt waren, wird Keiner gegen die Anderen aussagen. Auch wird Herr Volkmar das Seinige thun, um die Sache beizulegen.
**Renata.** Das gebe Gott.
**Ottone** (in die Mitte tretend). Weißt Du übrigens, Suschen, daß der Hans Röthlich Anstifter des ganzen Aufstandes war?
**Suschen.** Ach, ich dachte es!
**Ottone.** Und weißt Du warum? Er hatte erfahren, daß der Herr Volkmar Dich heirathen will.
**Beide.** Was?
**Ottone.** Ganz im Ernst. Herr Volkmar wird Dich noch heute von Deinem Vater zur Frau begehren.
**Renata.** Ach, das ungeheure Glück!
**Suschen** (händeringend). Ach, das entsetzliche Unglück?
**Renata.** Was? Ein Unglück?
**Suschen.** Von meinem Hans Röthlich lasse ich nun und nim=mermehr.
**Renata.** Du bist eine Gans, die ihr Glück mit Füßen tritt.
**Suschen.** Glück oder nicht — nur meinen Hans werde ich lieben.
**Renata.** Aber —
**Ottone.** Laß, Suschen, geh' dort in die Rosenlaube, erwarte mich dort. Ich habe noch mit Dir zu sprechen.
**Suschen** (weinend). Wenn ich meinen Hans nicht kriege, springe ich in's Wasser. (Rechts ab).
**Renata.** Nein, da könnte man sich ärgern. Solch' ein dummes Mädel!

**Ottone.** Nun, ihr Vater wird ihr schon den Kopf zurechtsetzen. Er macht ja auch ein großes Glück, wird des Gutsherrn Schwiegervater.

**Renata.** Ach, der gute Schulze Löffel. Ich gönne ihm das Glück.

**Ottone.** Und Ihr, gute Renate, werdet vielleicht noch des Gutsherrn Schwiegermutter.

**Renata** (verschämt). Oh, wie meint Ihr das?

**Ottone.** Nun, zwischen Euch und dem Schulzen ist's doch nicht richtig.

**Renata.** Allerdings, er liebt mich, und bettelt schon lange um mein Jawort.

**Ottone.** Dann beeilt Euch, es ihm zu geben, denn, wenn er erst erfährt, daß Volkmar seine Tochter heirathen will —

**Renata.** Weiß er das noch nicht?

**Ottone.** Nein. — Dann könnte ihm leicht der Hochmuth zu Kopfe steigen.

**Renata.** Ganz recht, den Männern ist nicht zu trauen. Merkwürdig, vor einer Stunde hab' ich mir vorgenommen, heut Morgen dem guten Schulzen mein Jawort zu geben.

**Ottone.** Das trifft sich herrlich, ich hab' ihn ebenfalls herbestellt, er wird gleich kommen.

**Renata.** Gut, so bring' ich gleich Alles in Ordnung. Aber, Jungfer, verschweigt's ihm nur auch noch von Herrn Volkmar und Süschen.

**Ottone.** Gewiß. Aber unter einer Bedingung. Ihr wißt, Herr Volkmar hat drei Dokumente ausgestellt, worin er fast allen seinen gutsherrlichen Rechten entsagt. Der Schulze besitzt eins von diesen Dokumenten, bewegt ihn, es dem Volkmar freiwillig zurückzugeben.

**Renata.** Ich, natürlich! Wenn der Gutsherr unser Schwiegersohn werden soll, muß er alle seine Rechte wiederhaben.

**Ottone.** Dort kommt der Schulze! Viel Glück, Frau Renata, und vergeßt mir das Dokument nicht. (Rechts ab.)

**Renata.** Verlaßt Euch auf mich. (Setzt sich auf die Bank.)

## 3. Auftritt.

**Renata. Löffel** (kommt stark hinkend).

**Löffel.** Na, wer will mich denn sprechen? (Mit Schmunzeln): Ah, die hübsche Frau Gevatterin.

**Renata.** Mein lieber Himmel, Löffelchen, warum hinkt Ihr benn so?

**Löffel.** Ih, die verdammte Spindelmatzen hat mir heut' Nacht mit dem Besenstiel eins über's Bein gegeben.

**Renata.** Armer, armer Mann!

Löffel. Ach, wenn das meine einzige Wunde wäre — aber hier im Herzen sitzt noch eine tiefere.

Renata (verschämt). Oh! — Aber, was ich sagen wollte, Schulze, ich hab' eine Bitte an Euch!

Löffel. Welche, süße Renata?

Renata. Ihr habt ein Dokument von dem Herrn Volkmar in Händen. Gebt ihm das zurück.

Löffel (verblüfft). Das Dokument? Wie kommt Ihr denn darauf? Interessirt Ihr Euch so sehr für den Gutsherrn?

Renata. Um Euretwillen sprech' ich diese Bitte aus. Wenn ein Prozeß dieser Nacht wegen entsteht, müßt Ihr mit dem Gutsherrn ausgesöhnt sein.

Löffel. Donnerwetter, da habt Ihr Recht! Gut, er soll's haben — aber unter einer Bedingung.

Renata. Und welche?

Löffel. Daß Ihr mir noch vorher versprecht, mein Weibchen zu werden.

Renata. Nun denn — ja — ja — ich will Eure Frau werden.

Löffel. O, Renata! (Breitet die Arme aus.)

Renata. Peter, mein Peter! (Breitet ebenfalls die Arme aus und wollen sich gegenseitig an die Brust stürzen, da kommt) ——

## 4. Auftritt.

Röthlich (rasch herein und tritt zwischen sie). Die Vorigen.

Röthlich (von Beiden einen Augenblick umarmt). Guten Morgen!

Renata (stößt einen Schrei aus).

Löffel. Der Taugenichts schon wieder da?

Röthlich. Bitte um Entschuldigung, ich war so in Gedanken.

Löffel. Komm' mit, Renatchen, wir holen jetzt das Dokument, und dann verkünden wir im ganzen Dorf unsere Verlobung.

Renata (zärtlich). O mein Peter! (Gehen Arm in Arm links ab).

Röthlich (allein. Er hat ein Tuch um Ohren und Kinn gebunden). Das scheint jetzt wohl ein Brautpaar zu sein. Ach, Alles ist glücklich, nur der arme Hans Röthlich sitzt im Pech bis über die Ohren. Himmel, da kommt mein Suschen.

## 5. Auftritt.

Röthlich. Suschen.

Röthlich. Guten Morgen, Herzens-Suschen.

Suschen (sieht ihn vornehm an). Ja, wer ist denn der da?

Röthlich (verblüfft). Der da?

Suschen. Ach, ich erinnere mich. Das ist ja wohl der Schmiede=geselle Hans Röthlich?

Röthlich. Aber, wie kommst Du mir denn vor, Herzens=Suschen?

Suschen. Na, das verbitt' ich mir, daß Er so vertraulich zu seiner künftigen Gutsherrschaft spricht.

Röthlich. Ach Gott, sie weiß Alles. Also ist's doch wahr, der Gutsherr will Dich heirathen?

Suschen. Na, wen denn sonst? Ich bin doch das schönste Mädchen weit und breit.

Röthlich. Das weiß Gott!

Suschen. Und das klügste Mädchen bin ich auch. - Weiß Er das nicht?

Röthlich. Ach, ja, ich weiß.

Suschen. Und wenn ich erst Gutsherrin bin, den feinen An=stand krieg' ich auch heraus. Paß' Er mal auf. (Geht sehr geziert umher). Na, was sagt Er?

Röthlich. Ach, Suschen, wenn ich Dich so schwängeln sehe, werd' ich noch ganz und gar verrückt.

Suschen. Er soll mich nicht „Du" nennen.

Röthlich. Erst recht thu' ich's. (Aergerlich). Ich bin auch ein hübscher Kerl.

Suschen. Hahaha, heut' sieht Er just recht hübsch aus! Was hat Er denn da für ein Tuch um den Kopf?

Röthlich. Ach, die alte Trogtigeln hat mir heut' Nacht mit ihrem Besenstiel zwei Backenzähne eingeschlagen.

Suschen. Das ist ihm ganz gesund. Aber geh' Er jetzt seiner Wege, die Jungfer Hartmann sagt, ich dürfe mit so gemeinen Leuten jetzt nicht mehr reden.

Röthlich. Das sagt die Jungfer Hartmann. Ach, dieser Marder, dieser Iltis, diese Ohr=Eule!

Suschen. Und dann sagt die Jungfer Hartmann, ich dürfe nur noch mit Grafen und Prinzen umgehen.

Röthlich. Der Person dreh' ich's Genick um.

Suschen. Also, mein Lieber, pack' Er sich jetzt.

Röthlich (außer sich). Suschen, Du willst mich wirklich verstoßen?

Suschen. Geh Er nur — der Mausefallenhans wartet auf Ihn.

Röthlich. Du stürzest mich in's Unglück.

Suschen. So muß er zum Karten=Peter sprechen oder zum Prügel=Jakob.

Röthlich. Aber ein letzter Trost bleibt mir noch.

Suschen. Ach, wohl sein Freund, der Kümmel=Michel?

Röthlich. Nein, der Tod, der rabenschwarze Tod. Adje, Suschen. Und wenn Du vielleicht heut' Abend in den Wald gehst, und kommst zu den Tannen, und Du siehst an der höchsten was baumeln — es ist kein Tannzapfen — es ist der Hans Röthlich, der da baumelt. Und wenn Du was klappern hörst im Winde, das ist kein Storch, der klappert, das sind nur dem Hans Röthlich seine Knochen, die so klappern. — Behüt' Dich Gott, Süschen, und leb' wohl auf ewig!

(Geht).

**Süschen** (ruft). Hans Röthlich!

**Röthlich.** He?

**Süschen.** Weiß Er, was die Jungfer Hartmann noch gesagt hat?

**Röthlich.** Ach, die sagte nichts wie Dummheiten.

**Süschen.** Süschen, hat sie gesagt, wenn Du jetzt dem Hans erzählst, daß Du ihn nicht mehr magst, dann paß' genau auf, was er thun wird. Wird er wüthend oder droht er gar, sich dem Trunk zu ergeben oder sich um's Leben zu bringen, so ist das ein Zeichen, daß er gar nichts taugt und Dich gar nicht lieb hat — dann sei froh, daß Du ihn los bist. — Hat er Dich aber wirklich so recht von Herzen lieb, dann wird er also zu Dir sprechen:

**Röthlich** (sehr aufmerksam). Wie denn?

**Süschen.** „Süschen," wird er sagen, „ich war ein liederlicher Mensch, verzeih' mir's. Ich will jetzt aber ordentlich werden, will weder trinken, noch Karten spielen, sondern fleißig sein und arbeiten, bis ich so viel hab', um Dir einen Heerd zu gründen." Und wenn er das sagt, dann antworte ihm: Hans, ich will keinen Gutsherrn und keinen Grafen, ich warte auf Dich und will Dir Treue halten".

**Röthlich** (schlägt sich grimmig mit der Faust gegen den Kopf). Oh, oh, oh!

**Süschen.** Ja klopf' Er sich nur. Meinetwegen kann Er sich seine andern vier und achtzig Backenzähne auch noch einschlagen.

**Röthlich** (ganz aufgelöst). Süschen!

**Süschen.** Na, gehe Er doch in den Wald und häng' er sich auf. Aber denk' Er ja nicht, daß ich ihn etwa besuchen werde, und wenn Er da draußen drei Wochen lang mit seinen Knochen klappert — mich klappert Er nicht hinaus.

**Röthlich** (fällt auf die Kniee und schreit): Süschen!

**Süschen** (erschrecken). He?

**Röthlich** (mit steigendem Eifer). Süschen, ich war ein ganz ungeheurer Lump. Süschen, verzeihe mir, ich will mich beffern. Ich will nicht mehr trinken, nicht mehr spielen und wenn mir der Mausefallenhans oder Einer von den Andern in die Quere kommt, schlag' ich ihn mit dem Schmiedehammer todt. Süschen, ich will arbeiten, daß mir das Feuer aus den Augen herausspringt, und auf den Amboß klopfen, daß alle Häuser im Dorfe umfallen. Ich will uns einen Heerd gründen, Süschen, warte auf mich! Goldenes Süschen, bleib' mir treu!

**Süschen.** Ja, wenn Du so sprichst, Hans, dann will ich Dich lieb haben und Dir treu bleiben, und wenn mich Kaiser und Papst selber heirathen wollten.

**Röthlich.** Juchhe! (Springt auf und will sie umarmen.)

## 6. Auftritt.

### Die Vorigen. Ottone.

**Ottone.** Halt, meine Freunde!

**Röthlich.** Die Jungfer Hartmann?

**Ottone.** Erlaubt mir, daß ich mich ein Wenig in Eure Angelegenheit mische.

**Röthlich.** Hör't mal, Jungfer, das muß ich mir doch sehr verbitt — — —

**Suschen** (legt drohend den Finger auf den Mund). Hans!

**Ottone.** Ihr, Hans Röthlich, wißt, daß ich es war, die damals dem alten gnädigen Herrn und dem Schulzen abrieth, Euch Suschen zur Frau zu geben.

**Röthlich** (knurrt).

**Ottone.** Weil Ihr ein arger Taugenichts war't, der Suschen unglücklich gemacht hätte.

**Röthlich** (kratzt sich am Kopf). Ja, so.

**Ottone.** Aber ich wußte, daß Suschen Euch herzlich liebte, und ich hoffte, Ihr würdet Euch einst bessern.

**Röthlich.** Das will ich, wahrhaftig, das will ich! (Haut sich mit den Fäusten auf den Kopf.)

**Suschen** (mitleidig). Aber, Hans, ruinir' Dir Dein Köpfchen nicht!

**Ottone.** Und darum bewog ich den alten Herrn, an dem Tage Eurer Reue und Besserung Euch ein Geschenk zu machen.

**Röthlich.** Ein Geschenk?

**Ottone.** Ich glaube, Ihr werdet halten, was Ihr Suschen vorhin versprochen habt — so empfangt denn das hier zu beiderseitiger Aussteuer. (Giebt ihm ein Papier.)

**Röthlich** (starr). Was ist das?

**Ottone.** Eine Schenkungsurkunde. Die Waldschmiede ist von heut ab Euer Eigenthum, und Garten und Feld dazu.

**Röthlich** (starrt in das Papier). Die Waldschmiede?

**Suschen** (Ottonen's Hände ergreifend). O, Dank, tausend Dank!

**Ottone** (leise). Vergiß aber nicht, daß Dein Hans Herrn Volkmar's Dokument herausgeben muß.

**Suschen.** Er erhält's zurück. Verlaßt Euch auf mich.

**Röthlich** (in ungeheurer Freude ausbrechend). Hahaha! Die Waldschmiede mein! Suschen mein! Jungfer! O! tausend Dank! Jungfer! Ich muß Euch an's Herz drücken!

**Ottone.** Ei, nicht doch! Solch' eine Ohr-Eule?

**Röthlich.** Ja, so! Ach, mit der Ohr-Eule hab' ich ja Suschen gemeint.

**Suschen.** Wie?

Röthlich (schnell und leise). Ich bitt' Dich, Suschen, nimm die Ohr=Eule auf Dich. — Jungfer, wenn Ihr einen braucht, der sich für Euch todtschlagen läßt — Jungfer — (Breitet die Arme nach ihr aus).

Ottone. In Gottes Namen denn! Aber etwas zart, wenn ich bitten darf.

Röthlich (umarmt Ottone).

Suschen. Aber, lieber Hans, fasse Dich doch!

Röthlich (außer sich). Ist's denn Alles wahr? Die Waldschmiede? Und Garten und Feld? Und Suschen, mein Weib? Hahaha! O! ich Lump, ach, ich kann nicht reden — da sitzt's — will nicht 'raus — oh! (Die Thränen brechen ihm aus, er fährt mit den Aermeln über's Gesicht, umarmt Ottone, wendet sich gegen Suschen, bricht in ein herzlich frohes Gelächter aus, eilt auf sie zu, nimmt sie mit raschem Schwung auf den Arm und läuft mit ihr fort.)

Suschen. Aber, Hans, lieber Hans! (Beide ab.)

Ottone (lächelnd). Der baut keine Barrikaden mehr. Zwei der verhängnißvollen Dokumente hätte ich zurückerobert. Das dritte muß ich mir persönlich erkämpfen. Brrr! Es wird mir sauer werden. (Sie lehnt sich nachlässig in einen Gartenstuhl und stützt den Arm auf den Tisch.)

# 7. Auftritt.

Ottone. Schwarze (ein großes schwarzes Pflaster quer über die Nase, kommt in schleichendem Schritt).

Schwarze. Alles still. Und ich brenne vor Neugierde, zu er= fahren, was jetzt im Schlosse vorgeht. (Bemerkt Ottone.) Ha, Sie selbst.

Ottone (nachlässig, etwas kokett). Guten Morgen, Herr Cantor!

Schwarze. Guten Morgen! (Faßt an das Pflaster. Für sich): Wenn sie nur nichts bemerkt. Die verdammte Kielmeyer mit ihrem Besenstiel.

Ottone. Wollen Sie den schönen Vormittag genießen?

Schwarze. Allerdings. Und zugleich anfragen, ob man schon gratuliren kann.

Ottone. Gratuliren? Wem?

Schwarze. Ihnen Jungfer!

Ottone. Wozu?

Schwarze. Zu Ihrer Verlobung mit Herrn Volkmar.

Ottone (lachend). Haben Sie auch schon von dem albernen Ge= rede gehört? Nein, mein werther Herr Cantor, — ich werde niemals des Herrn Volkmar's Gattin.

Schwarze (freudig überrascht). Wie?

Ottone. Glauben Sie denn, ein vernünftiges Mädchen werde einen Mann heirathen, der allerlei thörichte Ideen im Kopfe hat. Könnte es ihm nicht eines Tages einfallen, aus lauter Großmuth sein ganzes Vermögen den Armen zu schenken.

Schwarze (händereibend). Sie haben Recht!

**Ottone.** Und wie schwach benahm er sich diese Nacht, ließ sich willenlos in den Thurm führen, während Helden ritterlich kämpften, Helden, die jetzt mit ehrenvollen Wunden bedeckt sind.

**Schwarze** (faßt an sein Pflaster). Ja, es war ein heißer Kampf.

**Ottone.** Und glauben Sie denn, daß ich's diesem Herrn Volk= mar jemals vergesse, wie schmachvoll er mich aus seinem Schlosse ge= wiesen hat?

**Schwarze.** Ja, es war niederträchtig. Was habe ich Alles aufgeboten, ihn zum Widerruf dieser grausamen Ausweisung zu be= wegen.

**Ottone.** Wirklich?

**Schwarze.** Ach, wie Ihr, Jungfer, so dastandet, und die Fabel vom Löwen erzähltet — ach es war gar fein und lieblich anzuschauen.

**Ottone.** Ach ich weiß noch mehr solche Fabeln. Kennt Ihr die vom Blümlein und Böglein.

**Schwarze.** Nein. O, bitte, sagt sie mir.

**Ottone.** So hört:

> Ein Blümlein stand im Blüthenhain,
> Das war gar lieblich, zart und fein,

**Schwarze.** Solch' ein Blümlein kenn' ich.

**Ottone:**

> Ein Böglein saß im Baum betrübt,
> Hat's Blümlein innig und heiß geliebt.

**Schwarze.** Das Böglein kenn' ich auch.

**Ottone:**

> Blau Blümlein, willst Du mein eigen sein?
> „Du häßlicher Bogel, ach nein, ach nein!"

**Schwarze.** Oh!

**Ottone:**

> Da sang das Böglein mit süßem Schall;
> Das Böglein war eine Nachtigall.

(Sieht Schwarze schwärmerisch an.)

**Schwarze** (für sich). Himmel, sie meint meinen Kirchengesang. (Laut.) Weiter, weiter!

**Ottone:**

> Und wie das Böglein sang so schön,
> Da wollte die Blume vor Sehnsucht vergeh'n —
> Das Böglein flog fort, sie blieb allein,
> Blau Blümlein muß sterben in Liebespein. —

(Pause, dann sehr wehmüthig.) Lebt wohl, mein lieber, lieber Herr Cantor.

(Sie geht. Pause.)

**Schwarze** (liebevoll ihr nachrufend). Ottone!

**Ottone.** Herr Cantor?

**Schwarze.** Hab' ich Euch recht verstanden?

**Ottone** (verwundert). Verstanden?

Schwarze. Ottone, hundertmal hab' ich's Euch gesagt, daß ich Euch liebe, und Euch gefragt, ob Ihr mein Weib sein wollt. Ich frage noch einmal: „Blau Blümlein, willst Du mein eigen sein?"

Ottone (schalkhaft). „Du häßlicher Vogel! Ach nein, ach nein!"

Schwarze. Ottone, — so hätte ich Eure Fabel nicht verstanden?

Ottone. O, doch. Aber wenn Nachtigall und blau Blümlein sich einen Heerb gründen wollen, wovon sollen sie leben, wenn der Winter kommt? Lieber Cantor, ich bin sehr verwöhnt, ich putze mich gern, möchte die Freuden einer großen Stadt genießen. „Frau Cantorin" zu heißen, ist gewiß recht ehrenvoll — ich aber strebe nach Glanz und Reichthum.

Schwarze. Sollt Ihr Alles haben. Ich sagte Euch oft, heirathet mich und Euch wird ein großes Glück bescheert. Ich bring' Euch einen Schatz mit.

Ottone. Einen Schatz?

Schwarze. Pst! Ich darf jetzt nicht mehr sagen.

Ottone. Und dann, lieber Cantor, glaube ich gar nicht, daß wir zusammen passen.

Schwarze. Wie so?

Ottone. Ihr seid so fromm und heilig.

Schwarze (ehrbar). Ja, das bin ich!

Ottone. Ich aber bin heiter und lebenslustig. Ich tanze gern, mache alle Freuden mit — wie stimmt das mit Eurer Frömmigkeit?

Schwarze (heimlich). Ottone. Ich will Euch etwas anvertrauen. Ich bin gar nicht so.

Ottone. Wie denn?

Schwarze. So heilig. Nur hier, vor den dummen Bauern. Ich komme ja öfters nach der Residenz, wo mich Niemand kennt. Hab' dazu im Kämmerchen zu Haus einen eleganten gelben Anzug.

Ottone. Ist es möglich?

Schwarze. Esse auch gern Austern, trinke auch gern Sett. Kenne Alles in der Residenz. War auch schon, hihihi, war auch schon im Orpheum.

Ottone. Ein so frommer Mann.

Schwarze. Hahaha! Zu Hause in meinem Schrank, hinter den Kirchenvätern steckt ein kleines Futteral — was ist d'rin? Ein Operngucker.

Ottone. Ein Operngucker?

Schwarze. Hm, wegen des Ballets.

Ottone. Cantor, Ihr seid ein großer Mann!

Schwarze. Ottone, willst Du mein Weib sein?

Ottone. Unter zwei Bedingungen. Erstens, ziehen wir nach der Residenz —

Schwarze. Zugestanden.

Ottone. Zweitens gebt Ihr mir noch heute den Beweis von unserm künftigen Reichthum.

Schwarze. Auch zugestanden, aber unter einer Gegenbedingung. Ihr erklärt mich noch vorher öffentlich für Euren Bräutigam.

Ottone (nach kurzem Besinnen). Zugestanden. — Halt, noch Eins. Hier müssen wir aller Verbindungen los und ledig sein. Ihr habt noch ein Dokument von dem albernen Herrn Volkmar in Händen. — Ihr gebt es ihm zurück.

Schwarze. Das soll er haben. Hahaha, jetzt nützt mir der ganze Schwindel nichts mehr. — Also, Ottone, Du bist mein? (Kniet nieder und streckt die Hände aus).

Ottone (seine Hand ergreifend). Ja, würdiger Mann.

Schwarze. Und der Verlobungskuß?

Ottone (lächelnd). Kommt bei der Verlobung, nachher.

Schwarze (schmachtend). Blau Blümelein!

Ottone (langsam zurückgehend und ihm freundlich zuwinkend).

Nicht so stürmisch süße Nachtigall.
Vorüber ist blau Blümlein's Weh,
Mein Vöglein hold! Ade! ade! (Ab.).

Schwarze (stößt einen freudigen Seufzer aus, springt auf und stürzt fort).

## 8. Auftritt.

### Volkmar. (Dann) Ottone.

Volkmar (im Reisekleid, von links). Ja, es ist besser, ich gehe. Theilt Euch in das, was mein war. — Ihr habt mir mehr genommen als das. — Ihr habt mir meinen Glauben an die Menschheit — In Wahrheit? Nein. Ich war's, der falsche Wege ging —. Von Einer thut mir die Trennung weh — aber es muß sein.

Ottone (tritt heiter auf). Guten Morgen, gnädiger Herr?

Volkmar. Gnädiger Herr? Wollen Sie mich verspotten? Ich bin jetzt sehr arm. Man hat mich abgesetzt.

Ottone. Mein Himmel, wollen Sie denn diese alberne Geschichte noch weiter fortführen?

Volkmar. Sie wissen, es sind drei Dokumente vorhanden, welche mir mein Recht nehmen.

Ottone. Und wenn man sie Ihnen freiwillig zurückgiebt?

Volkmar. So thöricht werden diese Leute nicht sein. Ich scheide von hier. Leben Sie wohl, Ottone! (Giebt ihr die Hand.)

Ottone. Leben Sie wohl, mein Herr!

Volkmar. Dies Lebewohl ist das Bitterste.

Ottone (kalt). Meinen Sie?

Volkmar. Mädchen, in dieser Stunde des Abschieds noch einmal die volle Wahrheit! Ottone! Ich habe Sie gekränkt und beleidigt — aber — ich habe Sie geliebt!

Ottone (ihr Gefühl verbergend). Eine seltsame Liebe.

**Volkmar.** Warum mußte Alles so kommen! Heut wollte ich sprechen: Ottone, ich bin reich, ich kann Dir alles Glück des Lebens bieten, willst Du meine Frau sein?

**Ottone.** Da würde ich wohl „Nein" gesagt haben.

**Volkmar.** Wie?

**Ottone.** Ich würde geglaubt haben, Sie wollten Ihres Oheims arme Pflegetochter zu den reichen Gütern nur mit in den Kauf nehmen. Nein, mein Herr, dazu wäre ich zu stolz gewesen.

**Volkmar.** Ottone!

**Ottone.** Sagen Sie doch, wenn Ihr Oheim mich zur Erbin gemacht hätte, und ich spräche zu Ihnen: Herr Volkmar, ich bin jetzt reich und Sie arm — wollen Sie mein Mann sein? Was würden Sie sagen?

**Volkmar.** Mein Stolz verlangte, daß ich „nein" sagte.

**Ottone.** Welch' Unglück, daß wir Beide so stolz sind. Wir können uns also nur heirathen, wenn wir Beide bettelarm sind.

**Volkmar.** Nimmermehr! Ich könnte Sie nicht darben sehen.

**Ottone.** Oder wir müßten durch einen seltsamen Zufall Beide zugleich reich werden.

**Volkmar.** Dahin wird es nicht kommen.

**Ottone.** Also giebt es gar keinen Weg, der uns zusammenführt. Da ist's besser, wir scheiden.

**Volkmar.** Ja, wir scheiden. Leb' wohl, mein Glück, und Gottes Segen sei mit Dir.

(Man hört in der Entfernung ▨▨▨. *Viva el vi fac.*

**Nr. 7. Musik.**

**Ottone.** Hören Sie doch.

**Volkmar.** ~~Musik~~? Was bedeutet das?

**Ottone.** Ich will's Ihnen sagen. Ihre Unterthanen setzen Sie wieder als Herrn ein, man bringt Ihnen die Dokumente zurück.

**Volkmar.** Wie? Ist es möglich?

**Ottone.** Ich hätte noch eine Bitte an Sie, mein Herr, ich bedarf Ihrer Fürsprache in einer Heirathsangelegenheit. Hören Sie.

(Sie zieht ihn rechts zur Seite und spricht leise mit ihm).

## Letzter Auftritt.

**Die Vorigen. Löffel. Schwarze. Röthlich. Renata. Suschen. Hinz. Die drei Basen. Dusel und alle Landleute** (kommen ~~im Zuge~~ im Zuge. Wenn Alles im Hintergrunde steht, ruft:)

**Löffel.** Der gnädige Herr lebe hoch!

**Alle.** Hoch!

(Volkmar ist auf die linke Seite hinüber gegangen. Ottone steht rechts. Löffel, Schwarze und Röthlich, jeder ein Dokument in der Hand, treten vor).

**Löffel.** Gnädiger Herr, wir bitten Sie um Verzeihung wegen

der Vorfälle der letzten Nacht. Wir bitten Sie, die Regierung der Gemeinde wieder zu übernehmen — aber allein und selbstständig. (Ihm die drei Dokumente überreichend). Hier legen wir freiwillig diese Doku=
mente in Ihre Hand zurück.

Volkmar. Ich nehme sie und auch ohne diese Schriftstücke denke ich, Euch Alle glücklich zu machen. (Legt die Dokumente auf den Tisch). Doch, jetzt eine Bitte an Euch, Schulze. Gebt Euer Suschen dem Hans Röthlich dort zur Frau.

Löffel. Meine Tochter hat mit mir eben davon gesprochen. Der Wunsch des gnädigen Herrn beseitigt meine letzte Bedenklichkeit.

Röthlich und Suschen. Juchhe!

Renata. Aber was ist denn das? Ich dachte —

Löffel. Sei still, Renata. So werden wir das große Mädel los und werden leben wie die Turteltauben.

Volkmar. Auch ich, meine Freunde, werde mich verheirathen, und soll diese Stunde des Glücks vollkommen sein, so wird das Mädchen meiner Wahl mich nicht zurückstoßen. Ottone, wollen Sie mein liebes, treues Weib sein?

Ottone. Ich bin bereits verlobt, mein Herr!

Alle. Verlobt?

Volkmar (im höchsten Schrecken). Ottone!

Ottone (auf den Cantor zeigend, der vortritt). Dieser hier ist mein Verlobter.

Alle. Der Cantor?

Volkmar (außer sich). Unmöglich! Dieser Heuchler?

Ottone. Mein Herr!

Schwarze (wüthend). Herr, Sie wagen es?

Volkmar. Schweig', Nichtswürdiger, und entferne Dich auf der Stelle. Mit Heuchlerkunst hast Du dies reine Herz umstrickt. Hinaus, sage ich, hinaus!

Schwarze. Sie weisen mich hinaus? Hahaha! Sie selber müssen sich packen, denn Sie haben hier nichts mehr zu suchen. (Zieht ein Papier aus der Tasche). Hier ist das rechtskräftige Testament des verstorbenen Gutsherrn. Ottone Hartmann, meine Braut, ist die Universalerbin.

Alle. Die Universalerbin?

Ottone (nimmt das Testament und blickt in die Mitte tretend hinein). Laßt sehen, mein Freund, in der That — seht doch, Schulze!

Löffel (blickt über ihre Schulter in das Papier). Wirklich. Ein rechts=
kräftiges Testament, Jungfer Hartmann, die Erbin.

Volkmar (in tiefem Schmerz). Oh, ich fange an, zu begreifen. Nichts liegt mir an Gut und Geld, aber mich in ihr betrogen zu haben! Oh, nun erst bin ich ganz verlassen! (Verhüllt das Gesicht und sinkt in den Stuhl).

(Die Musik des Liedes beginnt).

## Nr. 8. (Vide: Nr. 1.)

Ottone (mit tiefem Gefühl ♪ die dritte Strophe):

Und bist Du verlassen und bist Du betrübt,
Ruf' dann, o rufe das Herz, das Dich liebt.
Dich zu erretten, will selbst ich vergeh'n —
Selbst ich vergeh'n —
Wirst dann mein Lieben, mein Lieben versteh'n.

(Bei den letzten Worten des Liedes zerreißt sie das Testament und läßt die Stücke zu Boden fallen.)

Alle. Das Testament!

Schwarze. Unselige!

Ottone. Herr Volkmar, nach Recht und Gesetz sind Sie wieder alleiniger Herr dieser Güter.

Schwarze. Unglückliche, was hast Du gethan! (Will die Stücke aufheben.)

Ottone (setzt den Fuß darauf). Halt, mein Freund, ich habe nach meiner Pflicht gehandelt. (Lächelnd.) Blau Blümelein ist jetzt arm — wird die Nachtigall deshalb das Blümchen verlassen?

Schwarze (zitternd vor Wuth). Was, ich Euch heirathen? Eine Bettlerin, die obendrein wahnsinnig ist? Nehmt Euer Wort zurück — Ihr seid eine Schlange, die ich verachte. (Stürzt ab.)

Ottone. Ihr Alle habt's gehört, er gab mir mein Wort zurück, ich bin frei!

### Nr. 9. (Vide: Nr. 1. Melodramatisch.)

(Die Musik des Liedes spielt leise im Orchester.)

Volkmar. Frei? Ottone, wirst Du nicht mein Weib, so werf' ich alle Güter von mir. Willst Du mich verlassen? Ottone sei mein!

Ottone. Dein, auf ewig Dein!

(Sie sinkt an seine Brust.)

(Der Vorhang fällt.)

## Ende.

Druck von F. Hoffschläger in Berlin.

# Die Dorf- Republik.

Zur Aufführung im „St. Niklaus" der
...

K. K. Polizei Direktion.

Prag am 24ten Oktober 1874.

...des Herrn K. K. Statthalters,
K. K. Hofrath und Polizei Direktor:

...